KB059182

부자의 패턴

한 세미나에서 '가장 빠르게 성공하는 방법은 무엇인가?'라는 질문을 받았다. 답은 간단하다. 나쁜 습관을 좋은 습관으로 바꾸는 것이다. 만약 당신을 성공으로 이끌어줄 좋은 습관을 찾고 있다면 《부자의 패턴》을 읽어라. 가장 완벽한 안내서가 되어줄 것이다.

_톰 지글러Tom Ziglar, 지글러사 CEO

《부자의 패턴》은 성공에 관한 세상의 모든 아이디어와 조언 중 상위 1퍼센트에 진입하는 데 바로 써먹을 수 있는 전략과 기술만을 깔끔하게 정제해 한 권에 담아낸 가장 강력한 실용서다.

_브라이언 트레이시Brian Tracy, 《잠들어 있는 성공시스템을 깨워라》 저자

댄 스트러첼은 상위 1퍼센트 슈퍼리치의 반열에 오르고 그 자리를 유지하는 방법에 대해 가장 적합한 조언을 해주는 롤모델이자 멘토다. 그는 시대를 초월하는 명저를 시의적절하게 내놓았다!

_데니스 웨이틀리Denis Waitley, 경영 컨설턴트이자 행동심리학 박사

누구나 부자가 될 수 있다. 하지만 '부자가 되는 길'을 발견하기란 쉽지 않다. 놀랍게도 댄 스트러첼은 이 길을 제시하는 데 성공했다. 그의 말대로 풍족한 삶을 향한 여정은 하나의 선택으로 시작된다. 이 훌륭한 책을 읽고 목표를 이루기 위해 어떤 결정을 내려야 할지 알게 된다면 그것만으로도 귀중한 가치가 있으리라 장담한다.

_밥 프록터Bob Proctor, 《밥 프록터의 위대한 발견》 저자

앞으로 세계 경제는 전례 없는 큰 변화를 겪을 것이다. 미래에는 자신이 선택한 직업군에서 상위 1퍼센트에 속하기 위해 고군분투하는 사람만이 진정한 부를 거머쥘 수 있다. 댄 스트러첼은 이 책에서 지금 우리에게 필요한 사고방식을 제시할 뿐만 아니라 구체적인 전략과 기법을 알려준다.

_해리 덴트Harry Dent, 경제예측기관 덴트연구소 창업자이자 《2019 부의 대절벽》 저자

부자의 패턴

댄 스트러첼 지음

송이루 옮김

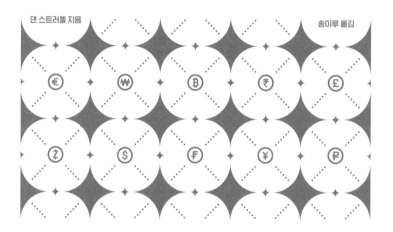

✦ 가장 빨리 부자가 되는 29가지 부의 매뉴얼 ✦

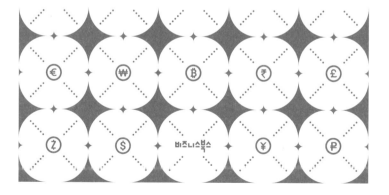

비즈니스북스

옮긴이 **송이루**

호주 맥쿼리 대학교 금융경제학과를 졸업하고 연세대학교 대학원에서 경제학 석사 학위를 받았다. 외국계 은행과 증권사에서 글로벌펀드 컴플라이언스와 리서치 업무를 담당했다. 바른번역 글밥아카데미를 수료한 후 번역가와 리뷰어로 활동하고 있다. 옮긴 책으로는《속마음을 꿰뚫어 보는 기술》과《레이 달리오의 금융 위기 템플릿》이 있다.

부자의 패턴

1판 1쇄 발행   2021년 5월 25일
1판 2쇄 발행   2021년 5월 28일

지은이 | 댄 스트러첼
옮긴이 | 송이루
발행인 | 홍영태
편집인 | 김미란
발행처 | (주)비즈니스북스
등 록 | 제2000-000225호(2000년 2월 28일)
주 소 | 03991 서울시 마포구 월드컵북로6길 3 이노베이스빌딩 7층
전 화 | (02)338-9449
팩 스 | (02)338-6543
대표메일 | bb@businessbooks.co.kr
홈페이지 | http://www.businessbooks.co.kr
블로그 | http://blog.naver.com/biz_books
페이스북 | thebizbooks
ISBN 979-11-6254-214-9   03190

* 잘못된 책은 구입하신 서점에서 바꾸어 드립니다.
* 책값은 뒤표지에 있습니다.
* 비즈니스북스에 대한 더 많은 정보가 필요하신 분은 홈페이지를 방문해 주시기 바랍니다.

비즈니스북스는 독자 여러분의 소중한 아이디어와 원고 투고를 기다리고 있습니다.
원고가 있으신 분은 ms1@businessbooks.co.kr로 간단한 개요와 취지, 연락처 등을 보내 주세요.

이 책이 세상에 나올 수 있도록
내게 사랑과 지혜를 아끼지 않은
나의 아내 엘비아, 딸 키라, 아들 제러미와 캠든
그리고 아버지 프레드와 어머니 린에게
감사의 마음을 전합니다.

가장 힘든 시기에
가장 큰 기회가 온다

나는 페이머스 데이브스 오브 아메리카Famous Dave's of America(미국의 유명 바비큐 레스토랑 체인—옮긴이)의 창업주이자 명예 회장으로서 직업적으로나 개인적으로나 부에 대한 왜곡된 시각이 매우 우려스럽다. 경제적 수준을 기준으로 계층을 나누고 이들을 대결 구도로 몰아가는 것은 사회에 역효과를 불러일으킬 뿐만 아니라 사실과도 맞지 않는다.

나와 같은 기업가는 물론, 경영진, 영업 사원, 운동선수, 의사와 변호사를 포함한 전문직 종사자, 그 외 금전적으로 큰 성공을 거둔 사람들 대부분은 자기 자신을 부자 집단의 일원이라고 생각하지 않는다. 특히 '소수의 부자들이 나머지 평범한 사람들의 불행을 즐긴다'는 주장은 정말 터무니없다. 성공한 사람들은 오히려 고객, 유권자, 주주 등에게 막대한 가치를 제공해야 한다는 강박에 사로잡혀 있는 경우가 많다. 그들은 남에게서 가치를 빼앗는 게 아니라 가치를 창출하고 부여하기 위해 살아간다. 사람들이 행복을 느낄 수 있는 독창적인 무언가를 만들기 위해 온종일 고민한다. 남들보다 빨리 성공하고 더 많은 돈을 벌기 위해 경쟁에서 승리할 방법만을 궁리하지 않는다.

나는 어린 시절에 가정 형편이 넉넉하지 않았다. 성적도 엉망이었고 심지어 학습 장애까지 앓았다. 하지만 갖은 어려움을 극복하고 마침내 성공을 이루었다. 내가 괄목할 만한 성과를 낼 수 있었던 힘은 엘리트 계층으로 올라가고 싶다는 열망이 아니라 내가 좋아하는 것, 즉 맛있는 바비큐를 만들어 전 세계 수백만 명의 사람들이 즐길 수 있게 하고 싶다는 의지에서 비롯되었다. 내가 상위 1퍼센트 부자가 된 것은 순전히 99퍼센트 사람들의 삶을 이롭게 하고 싶다는 바람으로 이뤄낸 것이다.

이야기의 연장선상에서 《부자의 패턴》은 매우 단순하면서도 귀중한 진리를 알려준다. 이 책은 상위 1퍼센트와 99퍼센트의 분열을 부추기는 책이 아니다. 엘리트 계층, 부유층, 유명인 등의 생활 방식을 파헤치며 보통 사람은 꿈도 꾸지 못할 화려한 성공 이야기를 늘어놓지도 않는다.

이 책을 읽다 보면 상위 1퍼센트에 대한 대부분이 사회 통념이 근거 없는 허구에 불과하다는 것을 알게 될 것이다. 큰 성공을 거둔 사람들 대부분이 은행 계좌 잔액에 신경 쓸 때보다 다른 사람들에게 도움이 되는 행동을 할 때 더욱 보람을 느낀다는 사실 또한 알게 되리라. 그리고 이 책을 통해 99퍼센트가 놓치기 쉬운 성공에 관한 단순한 진리를 깨닫게 될 것이다. 소득 수준에 상관없이 누구나 상위 1퍼센트의 성공 습관을 따라 하면 얻을 수 있는 게 많다는 사실 말이다.

이 책의 가장 훌륭한 장점은 고수입을 벌어들일 방법뿐만 아니라 인생에서 매우 중요한 부분을 차지하는 우정, 가족, 공동체 등 여러 분야에 걸쳐 상위 1퍼센트에 도달할 방법을 알려준다는 것이다. 같은 맥락에서 당신의 수입이 상위 1퍼센트, 5퍼센트, 50퍼센트 또는 90퍼센트에 속하든 인생에서 진정으로 중요한 것은 결국 하나임을 보여준다.

나는 댄 스트러첼이 당신을 부자가 되는 길로 안내할 적임자라고 확신한다. 내가 그를 처음 만난 건 그가 세계 최고의 자기계발 출판사로 손꼽히는 나이팅게일 코넌트사 The NightingaleConant Corporation 에서 출판부 부사장을 지내고 있을 때였다. 그때나 지금이나 나는 자기계발과 성취 프로그램에 깊은 관심을 가져왔다. 댄은 토니 로빈스Tony Robbins, 마리안 윌리엄슨Marianne Williamson, 브라이언 트레이시, 고故 존 템플턴 경Sir John Templeton 등 자기계발 분야의 저명한 저자들과 강연자들의 책을 담당했다.

그는 25년 동안 나이팅게일 코넌트사와 함께하면서 성공과 자기계발에 관한 훌륭한 아이디어들을 접했다. 또한 치열하게 노력을 거듭한 끝에 자신만의 철학이 있는 역동적인 강연자로 성장했다. 내가 리더십 교육기관의 자선 행사를 위해 그에게 강연을 부탁하자, 그는 기꺼이 이 책에 나오는 많은 생각과 방법들을 소개했다. 이제 막 학교를 졸업한 취업 준비생부터 사회 경험을 쌓은 직장인, 은퇴를 준비하는 베이비붐 세대에 이르기까지 수많은 청중이 그의 강연에 빠져들었고 깊은 감동과 영감을 받았다. 당신도 이 책을 다 읽고 나면 그 이유를 알 수 있을 것이다.

　우리는 불확실한 시대에 살고 있다. 이러한 시대에 성공을 거머쥐는 일이 여전히 가능한지 의문을 품는 사람들이 많다. 나는 지금처럼 힘든 시기에 위대한 기회가 생긴다고 믿는다. 댄 스트러첼의 말대로 성공을 향한 여정은 단순한 선택을 하는 데서 시작된다. 나 역시 시작은 초라했지만 선택을 통해 결국 원하는 인생을 살고 있다. 단언컨대 당신은 이 책을 읽기로 한 선택을 절대 후회하지 않을 것이다. 성공을 빈다.

데이브 앤더슨 Dave Anderson

차 례

제1장

부자의 탄생

················

부자가 되고 싶은 자,
상위 1퍼센트를 목표하라

이제부터 당신의 인생을 바꿀 특별한 여정을 시작하려 한다. 대부분의 사람들이 이 여정에 참여하길 원하고 당신보다 앞서 이 여정에 나섰던 사람들은 자신들의 선택에 자부심을 느끼고 있다. 당신도 이 책을 읽고 나면 이 여정에 참여하기로 한 선택이 인생의 전환점이 되었다고, 그리하여 인생을 더 나은 길로 이끌었다고 확신하게 될 것이다.

이 여정의 목표는 모든 소득자와 자산가를 통틀어 '상위 1퍼센트'에 드는 것이다. 예상하겠지만 지금보다 조금 더 나아지거나 전통적인 성공 규칙을 따르는 것만으로는 이 목표를 이룰 수 없다. 평범한 공식을 따른다면 아무리 결과가 좋아도 '상위 20퍼센트' 수준에 그치고 말 것이다.

그러니 1퍼센트 부자가 되기 위해서는 시인 로버트 프로스트Robert Frost가 말한 '가지 않은 길'을 택해야 한다. 이 길을 걸어간 사람들은 극히 드물어서 대중에게 길을 알려줄 지도나 표지판이 거의 없다. 하지만 이 책에서는 누구나 쉽고 빠르게 길을 찾을 수 있도록 안내한다. 당신은 '부의 지름길'을 따라 성공적으로 목적지에 도착할 수 있도록 주어진 도구들을 마음껏 활용하면 된다.

일반적으로 상위 1퍼센트는 측정하기 쉬운 순자산이나 고소득을 기준으로 구분한다. 하지만 **이 책에서는 그보다 훨씬 폭넓은 기준으로 상위 1퍼센트를 정의한다. 우리의 목표는 소득 수준뿐만 아니라 행복과 성취감을 기준으로 상위 1퍼센트에 도달하는 것이기 때문이다.**

물론 사람마다 행복과 성취감을 느끼는 기준은 다르다. 어떤 사람은 여행하는 데 시간을 쓰고 싶어 하고 또 어떤 사람은 행복한 결혼 생활을 꿈꾼다. 누군가는 부모로서 자식에게 긍정적인 영향을 주는 인생을 살고 싶어 할지도 모른다. 자신의 시간과 돈의 일부를 자선 활동에 쓰고 싶어 하는 사람도 있다.

그런가 하면 막대한 부를 소유하고 있으나 대단히 불행하고 우울한 사람들도 있다. 인간관계를 제대로 유지하지 못하거나 너무 바빠서 노동의 결실을 만끽할 시간조차 없는 사람들이다. 어렵게 부를 쌓았는데 행복과 성취감을 느낄 수 없다면 진정한 부자라고 할 수 있을까.

그러니 돈으로 살 수 없는 값진 보상을 안겨주는 삶의 영역을 등한시하면서, 오로지 돈과 돈으로 살 수 있는 것에 자신의 모든 시간과 관심을 쏟아붓는 실수를 저지르지 않도록 주의해야 한다.

당신이 이 여정에 나서는 이유를 명심하라. 자기계발 강연가이자 철학자인 고故 짐 론Jim Rohn은 나에게 상위 1퍼센트에 드는 것을 목표로 삼아야 할 이유를 일깨워준 사람이다. 론은 우리가 가능한 가장 크고 야심 찬 목표를 세워야 하는 이유에 대해 이렇게 설명했다.

> 단지 목표를 이뤘을 때 따라올 부와 명성, 영향력 때문만이 아니다. 목표를 이루기 위해 스스로를 최대치로 변화시켜 성공에 가까워지기 때문이다.

삶의 질과 관련된 모든 부분에서 만족을 얻는 큰 성공을 하려면 돈에 집착해서는 안 된다. 돈은 성공의 부산물에 불과하다. 진정한 성공을 바란다면 소득을 높이기 위한 노력 외에도 다방면의 일들을 잘 해내야 한다. 예를 들면 자기 수양을 게을리하지 않고, 좌절과 실패를 경험하더라도 변함없이 목표를 이루기 위해 노력하고, 다른 사람들에게 탁월한 가치를 전달해 신뢰를 얻고, 장기적인 관점으로 상황을 판단하고, 자신감을 높여야 한다. 당신의 생각을 지지하는 사람들이 얼마 되지 않더라도 자신이 세운 목표를 굳게 믿고 세상을 바꾸고 싶어 하는 긍정적인 사람들과 어울려야한다. 이외에도 해야 할 일이 많다. 이 모든 소임을 다하며 상위 1퍼센트가 되기 위해 고군분투하는 것이야말로 신이 주신 각자의 잠재력을 최대한 발휘할 수 있는 최선의 방법이다.

다음과 같은 질문을 던지는 사람들도 있을 것이다. 왜 상위 1퍼센트라는 거창한 목표를 세워 남에게 비웃음을 사야 하는가? 왜 군이 대중 매체와 문화에서 경멸의 대상으로 그려내는 집단에 들어가는 것을 목표로 삼아야 하는가? 왜 실패의 위험을 무릅쓰고 즐거운 주말을 포기하면서 노력해야 하는가? 이러한 '왜?'라는 질문에 다음과 같이 되물어보라.

왜 안 되는가?

목표에 도달하든 못 하든 상관없이 꿈꾸던 수준 이상으로 자신의 잠재력을 끌어올릴 야심 찬 목표를 세우면 왜 안 되는가? 목표를 위해 인생의 소중한 시간을 할애하면 왜 안 되는가? 수백만 명의 고객과 수천 명의 직원, 특히 소중한 사람들을 위해 엄청난 수준의 가치를 창출할 기회를 잡으면 왜 안 되는가? 앞으로 5년 동안 자신이 얼마나 많이 벌 수 있는지, 기술을 얼마나 발전시킬 수 있는지, 자신감과 회복력, 생산성을 얼마나 높일 수 있는지, 다른 사람들에게 끼치는 영향력과 동기 부여 능력을 얼마나 키울 수 있는지 시험해보면 왜 안 되는가?

이례적인 길을 선택하든 일반적인 길을 선택하든 당신은 앞으로 5년 동안 둘 중 하나를 선택해서 나아가야 한다는 점을 명심하자. 이제 그동안 미뤄온 진실을 마주할 때다.

오늘은 5년 전에 당신이 그렸던 미래의 종착지다.

무슨 뜻일까? 5년 전 당신은 오늘의 인생이 어떤 모습일지 상상했을 것이다. 당시에는 5년 후가 먼 미래처럼 느껴졌을 테지만 '오늘'이 당신이 꿈꾸던 바로 그 미래다. 지금 서 있는 종착지가 마음에 드는가? 과거의 선택 중 오늘을 바꿀 수 있었던 지점들이 머릿속에 떠오르지 않는가? 어떻게 해야 더 나은 미래를 만들 수 있었을까? 만약 5년 전에 당신이 상위 1퍼센트에 들어가는 것을 목표로 삼았다면 인생은 얼마나 달라졌을까?

한 가지 좋은 소식은 인생을 바꿀 기회가 한 번 더 있다는 것이다. 현재가 생각보다 빠르게 다가왔듯, 당신이 꿈꾸는 5년 후 미래도 금방 마주하게 될 것이다. 문제는 5년 후, 스스로 자랑스러워할 만한 종착지에 도착할 수 있는가, 종착지에 도달하는 과정을 통해 더 강하고, 행복하고, 너그럽고, 건강하고, 부유한 사람으로 거듭날 수 있는가 하는 것이다.

지금 이 순간, 당신이 인생의 어느 지점에 있든 다시 선택할 수 있는 기회를 주려 한다. 부디 이번 기회를 대수롭지 않게 여기지 않길 바란다. 혹시 운전을 하고 있다면 잠시 길가에 차를 세우자. 운동이나 요리, 청소를 하고 있다면, 야외에서 일을 하거나 개를 산책시키고 있다면 부디 잠시만 멈춰보라. 하던 일을 중단하고 숨을 깊이 들이마신 후 내면의 목소리에 귀 기울이자. 결정을 내리기 전에 정말 부자가 되길 원하는지 진지하게 고민해보자.

자기계발 분야의 거장 토니 로빈스는 결정이란 '결과 달성 이외의 다른 가능성을 차단하는 것'이라고 정의했다. 앞으로 당신이 내릴 결정도 마찬가지다. 마음의 준비가 되었다면 이제 부자가 되기로 결정하자. 이 책을 집어들었다면 분명 결정을 내릴 준비도 되어 있을 것이다. 변명거리를 찾지 말고 지금 당장 선택하라.

상위 1퍼센트를 향한 여정에 함께하기로 결정했다면 먼저 목표에 도달한 자신의 모습을 머릿속으로 그려보자. 당신은 5년 후 전 세계 자산가, 소득자, 가치 공헌자 중에서 상위 1퍼센트로 올라섰다. 상상만으로도 즐겁지 않은가.

오늘 밤에는 숙면을 취하자. 내일부터 본격적으로 여정을 시작해야 하기 때문이다. 내일은 5년에 걸쳐 이뤄질 상위 1퍼센트를 향한 여정의 첫날이다. 그리고 이 책에 나오는 여러 생각과 방법들은 여정을 성공적으로 수행할 유용한 도구가 되어줄 것이다.

상위 1퍼센트에 들기 위한 아이디어, 기술, 전략 등을 소개하기 전에, 이 책의 저자인 내가 이처럼 담대한 목표를 논할 만한 자격을 갖추었는지 궁금해할 독자를 위해 나에 관한 이야기를 해보려 한다. 앞서 데이브 앤더슨이 쓴 추천사를 읽으면서 이런 의문이 들었을 것이다.

'도대체 댄 스트러첼이 누구길래 상위 1퍼센트에 들기 위한 기본 요소들을 가르쳐줄 적임자라는 걸까?'

아주 적절한 질문이다. 사실 나는 아직 산 정상에 오르지 못했다. 상위 1퍼센트를 향한 여정을 성공적으로 완수한 후, 당신이 나와 똑같은 단계를 밟을 수 있도록 내가 걸어온 길을 정확히 짚어 줄 사람도 못 된다. 하지만 나는 상위 1퍼센트에 도달하는 중요하고 복잡하고 야심 찬 목표를 달성하는 데 'x+y=z' 같은 단순한 공식이 존재한다고 생각하지 않는다. 세상에는 각양각색의 사람들이 있듯 위대한 성공을 거둘 방법도 무궁무진하다.

다만 성공에 필요한 원칙과 지침은 분명히 존재한다. 축구 경기를 하려면 기본 규칙을 알아야 하듯, 성공하려면 성공에 대한 원칙과 지침을 충분히 인지하고 익혀야 한다. 일단 기본 규칙을 이해하면 경기에서 승리하기 위한 수많은 전략을 세울 수 있다.

이제부터 나는 당신과 함께 이 여정에 나설 것이다. 이 글을 쓰고 있는 지금, 나는 아직 상위 1퍼센트에 들어가지 못했지만 이 책에 담긴 생각과 방법을 따르며 목표를 향해 열심히 노력하고 있다. 나는 이 여정에 동행하는 친구로서 당신에게 이야기하며 함께 나아갈 것이다. 바라건대, 앞으로 우리가 서로 만나거나 교류할 수 있는 때가 온다면 함께 목표를 위해 이 책의 내용을 열심히 실천했다는 뜻일 것이다.

나는 30여 년간 누구나 상위 1퍼센트로 인정하는 유명 작가, 기업가, 투자자 등과 함께 일했다. 이러한 경력은 상위 1퍼센트에 들기 위한 원칙과 지침을 당신에게 가르치는 데 충분한 자격 요건이 되리라 생각한다.

또한 나는 55년이 넘는 역사를 자랑하는 자기계발 및 사업 개발 분야의 세계적인 출판사인 나이팅게일 코넌트사에서 오랫동안 출판부 부사장으로 일했다. 지금은 인스파이어 프로덕션Inspire Productions의 설립자이자 최고경영자로서 여러 플랫폼에서 다음 세대에 영감을 불러일으킬 만한 고품질의 자기계발 콘텐츠를 제작·생산·마케팅하려는 기업과 작가 들을 지원하고 있다.

나는 고故 지그 지글러, 토니 로빈스, 브라이언 트레이시, 해리 덴트, 로버트 기요사키, 마리안 윌리엄슨, 짐 론, 데니스 웨이틀리, 마크 빅터 한센, 고故 웨인 다이어, 바이런 케이티 등 자기계발 분야의 저명한 작가들과 일했으며 그 외에도 샤론 레흐트Sharon Lechter, 돌프 드 루스Dolf de Roos, 마이크 서메이Mike Summey, 데이비드 바크David Bach, 릭 에덜먼Ric Edelman, 존 커뮤타John Cummuta 등 성공적인 투자로 부를 축적한 저자들과 긴밀하게 일해왔다.

내가 가르치는 원칙을 사업에 성공적으로 활용하여 많은 사람들을 상위 1퍼센트로 이끈 데일 카네기 트레이닝, 지글러사, 나폴레온 힐 재단 등 여러 교육기관들과 협업하기도 했다. 이 책에 담은 정보는 내 오랜 연구와 인생 경험뿐만 아니라 내 삶을 축복해 준 수많은 개인과 조직에서 비롯된 집단적 지혜로 만들어낸 결과물임을 밝힌다.

무엇보다 독자들이 이 책에서 얻은 생각과 방법을 각자의 삶에서 재생산할 때 비로소 내가 전달하고자 하는 진정한 가치가 실현된다. 당신이 가치 있는 인생을 개척하고 이 여정에서 만나게 될 수백 명, 수천 명, 심지어는 수백만 명의 사람들과 다시 가치를 나누는 인생을 살 수 있도록 온 힘을 다해 당신을 도울 것이다.

자, 그럼 이제 상위 1퍼센트가 되기 위한 여정을 시작해보자.

우리가 몰랐던
부자들의 진짜 패턴

상위 1퍼센트 부자가 되기 위한 여정의 첫 번째 단계는 최상위 부자에 대한 편견을 바로잡는 것이다. 우선 진실을 정면으로 마주해야 한다. 지난 몇 년 동안 부자를 둘러싼 잘못된 사회 통념을 만들기 위한 움직임이 활발하게 일어났다. 언론은 인위적인 기준으로 사람들을 상위 1퍼센트와 나머지 99퍼센트로 분리해 부자들이 비난의 대상이 되도록 만들었다. 살면서 겪는 모든 좌절과 한계의 원인으로 부자들을 지목한 것이다. 이기적인 상위 1퍼센트가 나머지 99퍼센트를 억누르며 경제를 주무른다고 주장하는 기사나 인터뷰, 시위 등은 언론에서 매주 빠지지 않고 다루는 단골 소재다.

나이팅게일 코넌트사의 공동 창립자인 얼 나이팅게일Earl Nightingale은 "사람은 생각하는 대로 된다."라고 말했다. 상위 1퍼센트를 향해 언론과 정치인, 학계의 끊임없는 비난이 이어지자 사람들의 머릿속에는 상위 1퍼센트를 목표로 하는 것은 바람직하지 않으며, 그 목표를 달성하기 위해서는 인간관계나 여가 등 삶의 가치를 일정 부분 포기해야 한다는 생각이 각인되었다. 동시에 '부자들은 대중에게 미움을 받는다'라는 오해가 무의식에 스며들기 시작했다. 하지만 이는 진실과 거리가 먼 내용이다.

부자에 대한 몇몇 오해는 우리 사회에서 적지 않은 혼란을 일으키고 있다. 특히 부자가 사회 문제를 일으키는 주요 원인이라는 생각을 심어주었는데, 이는 어떤 문제든 '잘 사는 사람들'이 문제라는 의식이 작용하게 만들었다.

지금부터 최상위 부자에 대한 잘못된 사회 통념 중 가장 대표적인 다섯 가지를 뽑아 사실관계를 짚어볼 것이다. 이 과정을 통해 부자에 대한 고정관념을 버리고 우리가 상위 1퍼센트가 되길 바라는 욕구를 긍정적으로 받아들일 합당한 근거를 찾고자 한다.

첫 번째, 상위 1퍼센트는 고정된 집단이 아니다. 우리는 흔히 '상위 1퍼센트 부자'라고 하면, 부자로 태어나 평생 고소득을 벌어들이는 고정된 집단이라고 생각하는 경향이 있다. 이런 주장은 모든 문제를 단순히 흑과 백, 두 가지로 구분하려는 사람들의 욕망에 부합한다.

이런 '내 편 아니면 적'으로 여기는 이분법적 사고가 만연한 사회일수록 언론은 상위 1퍼센트와 99퍼센트 사이에 벌어지는 이념 대립을 부채질하기 쉽다. 하지만 인생사 대부분이 복잡하게 얽혀 있듯 진실은 생각보다 복잡하기 마련이다.

미국의 비즈니스 뉴스 사이트 CNN머니money.cnn.com에 따르면, 2011년에 상위 1퍼센트에 들기 위해서는 총가구 소득 기준 38만 9,000달러를 벌어야 했으며 2015년에는 약 40만 달러로 증가했다.

미국에서 상위 1퍼센트에 들려면 적어도 수백만 달러는 벌어야 한다고 생각했을 것이다. 하지만 실제로는 예상보다 적은 금액이다. CNN머니가 지적한 놀라운 사실은 더 있다. 바로 '고소득 납세자들의 그룹에 평생 회원은 거의 없다'는 점이다. 실제로 상위 1퍼센트의 구성원은 수시로 바뀐다. 예를 들어, 사업을 매각해 얻은 수익이나 일회성 시세 차익 같은 뜻밖의 소득을 얻은 덕분에 상위 1퍼센트 또는 상위 0.5퍼센트 고소득 납세자로 분류되는 경우가 상당수여서 일시적으로 상위 1퍼센트의 자격을 얻는 셈이다.

1987년부터 2010년 사이에 상위 1퍼센트에 진입한 납세자 중 60퍼센트는 진입한 시점으로부터 10년 이내에 상위 1퍼센트에서 떨어져 나갔다(미국 재무부 연구 보고서 기준). 또한 1999년부터 2007년 사이에 100만 달러 이상 소득을 신고한 사람 중 약 절반은 신고한 그해에만 높은 소득을 신고한 것으로 나타났다(미국 조세재단 발표 기준).

그러니 일시적인 고소득은 순자산으로 볼 수 없다. 번 돈을 저축하고 투자하는 사람이 있는가 하면 모두 써버리는 사람도 있기 때문이다. 분명한 사실은 99퍼센트에 속하는 많은 사람들이 평생에 걸쳐 상위 1퍼센트를 들락날락할 것이라는 점이다. 상위 1퍼센트의 구성원은 매년 달라지므로 사회·문화 문제와 더불어 소득 분배, 기타 관련 문제 등을 모두 상위 1퍼센트의 탓으로 돌리기는 어렵다. 사실 상위 1퍼센트는 얇은 경계막으로 둘러싸인 '유동적인 집단'이며 다양한 사람들이 경계를 넘나든다.

두 번째, 상위 1퍼센트는 행운을 스스로 계획한다. 간혹 '부자는 그저 운이 좋은 사람들'이라고 치부해버리는 경우가 있다. 이런 생각은 인구의 99퍼센트를 모든 개인적 책임에서 해방시켜준다. 단순히 '상위 1퍼센트와 똑같은 기회를 얻고, 똑같은 가정에 태어나고, 똑같은 신탁 기금을 물려받고, 경제적으로 적절한 시기에 딱 맞춰 사업을 시작할 만큼 운이 좋았더라면, 나 역시 그들처럼 성공할 수 있었을 것이다'라고 믿으면 마음도 편해질 것이다. 하지만 이러한 믿음에는 몇 가지 짚어봐야 할 중요한 문제점이 있다.

먼저 행운이란 상위 1퍼센트에만 적용되는 것이 아니라 모든 사람의 인생에 영향을 미친다. 개인의 자유를 보장받는 나라에서 태어나 배우자 또는 소중한 사람들을 만나고 지금 살아 숨 쉬고 있는 것만으로도 운이 좋다고 볼 수 있다. 반대의 경우를 한번 상상해보자. 거기에 속할 확률이 결코 낮지 않다는 점을 감안하면 현재의 삶 자체가 정말 큰 행운이다. 다만 행운이 인생에 얼마나 중요한 역할을 하는지는 각자 다를 수밖에 없다.

또한 행운은 양방향으로 작용한다. 행운은 누군가의 성공 확률을 높이지만 반대로 누군가의 실패 확률을 높일 수도 있다. 2013년 오번 대 앨라배마 대학의 미식축구 결승전을 예로 들어보자. 경기 종료까지 시간이 얼마 남지 않은 긴박한 상황에서 앨라배마는 '필드 골'field goal로 승부를 결정지으려 했다. 하지만 공은 멀리 나가지 못했다. 이후 공을 받은 오번의 선수가 앨라배마 진영으로 내달려 득점하면서 오번은 순식간에 역전승을 거두었다.

오번은 운이 좋아서 적절한 때와 장소에 선수가 서 있었고 그 덕분에 경기에서 승리할 수 있었다. 앨라배마는 운이 나빠서 필드 골을 놓쳤을 뿐 아니라 공을 오번 측 선수의 손에 고스란히 넘겼다. 어느 한 사람의 행운이 또 다른 사람에겐 불행으로 작용한 셈이다.

무엇보다 행운은 성공의 주된 요인이 될 수 없다. 누구도 단지 운이 좋아서 저절로 상위 1퍼센트에 오르지는 못하기 때문이다. 행운은 그저 인생이라는 중요한 경기에서 승리하기 위해 열심히 준비한 사람에게 큰 도움을 줄 뿐이다. 가만히 앉아서 시간만 축내는 사람에게 근사한 사무실을 제공하지 않을 뿐더러 한 푼도 투자하지 않은 사람에게 거액의 수익을 안겨주지도 않는다. 하지만 상사가 갑작스럽게 회사를 떠나면서 공석이 생겼을 때, 행운은 그동안 구직 사이트에 프로필을 화려하게 채우려고 애를 쓴 야심 찬 젊은 직원에게 '운 좋게' 승진할 기회와 전망 좋은 사무실을 선사할 것이다. 마찬가지로 수익을 내는 주식을 찾아 꾸준히 투자한 사람에겐 기대 이상으로 불어난 자산이 '운 좋게' 돌아갈 것이다.

이처럼 행운은 절대 성공을 일으키는 주 원인이 될 수 없다. 행운을 작동시키려면 위험을 감수하고 정해놓은 목표를 이루기 위해 열심히 노력해야 한다. '준비가 기회를 만날 때 운이 작용한다'는 말이 있다. 성공으로 이끄는 가장 중요한 요인은 바로 이 '준비성'이다. 기회를 포착하고 제대로 활용하려면 충분히 준비를 해둬야 한다.

이러한 준비성에 대해 《잭팟심리학》의 저자 리처드 와이즈먼 Richard Wiseman 은 다음과 같이 말했다.

> 운이 좋은 사람들은 네 가지 기본 원리를 바탕으로 자신만의 행운을 만들어낸다. 그들은 기회를 만들고 포착하는 데 능숙하고, 직관에 귀 기울여 행운이 따르는 결정을 내리고, 낙관적으로 생각함으로써 자기충족적 예언 self-fulfilling prophecies 을 일으키며, 불운을 행운으로 바꾸는 탄력적인 태도를 취한다.

행운의 상당 부분이 자기 자신에게 달려 있다는 점에 주목하자. 능력을 기르고, 직관에 귀 기울이고, 기회를 만들고, 탄력적인 태도를 보이는 행동은 모두 우리가 통제할 수 있는 것이다. 즉 정말 '운 좋게' 성공한 사람들은 역설적으로 행운을 스스로 계획한 사람들이라고 볼 수 있다.

세 번째, 상위 1퍼센트는 수입의 절반을 저축한다. 우리가 상위 1퍼센트라고 생각하는 사람들은 TV나 영화에서 볼 법한 재벌 2세,

연예인, 영화배우, 프로 운동선수, 정치인 등이 대부분이다. 그래서 그들이 귀하게 자란 억만장자일 것이라 추측하기 쉽다. 이를테면, 외부인의 출입이 엄격히 제한된 고급 주택 단지에 살고, 부가티나 람보르기니 같은 수십만 달러에 달하는 고급 자동차를 타고, 개인 트레이너와 성형외과 의사들을 집으로 부르고, 식료품 마트에는 직접 가볼 일이 없고, 살면서 단 한 번도 줄을 서본 경험이 없을 것 같은 금수저를 떠올리는 것이다.

상위 1퍼센트에 대한 이러한 시각은 완전히 틀렸다. 그렇게 희화화된 상위 1퍼센트의 이미지는 사실 상위 1퍼센트 중에서도 0.1퍼센트 정도다. 베스트셀러《이웃집 백만장자 변하지 않는 부의 법칙》의 저자 토머스 스탠리Thomas Stanley는 이에 대해 이렇게 지적했다.

미국에서 성공한 부자들은 대부분 자수성가한 사람들로, 중상류층 동네에 살며 고급 승용차가 아닌 중저가 자동차나 중고차를 끈다.

모든 부자가 거액의 신탁 재산이나 유산을 물려받은 '금수저'는 아니라는 뜻이다.

다만 상위 1퍼센트는 지출과 저축 습관에서 99퍼센트와 큰 차이를 보인다. 상위 1퍼센트는 그들의 수입보다 훨씬 적은 돈을 소비하고, 99퍼센트에 비해 가치가 증가하는 자산에 훨씬 많은 돈을 투자하며, 수입의 25~50퍼센트에 달하는 엄청난 금액을 저축한다. 따라서 상위 1퍼센트에 들어가는 일은 개인의 '선택'에 달려 있다고도 할 수 있다. 장기적으로 경제적 자유를 누리기 위해 단기적으로는 당장의 기쁨을 미루고 생활 방식에서 큰 희생을 감수하는 것은 하나의 선택이다. 이에 대해 자기계발 강연가 짐 론은 "해야 할 일을 되도록 빨리 끝내야, 하고 싶은 일을 되도록 오래 할 수 있다."고 말했다.

우리는 거의 모든 상위 1퍼센트가 현재 수준에 도달하기까지 수년 동안 절제하며 기쁨을 누릴 시간을 늦추었다는 사실을 알아야 한다. 그들이 다른 사람들과 같은 일반적인 삶을 살았다면 젊은 시절에 더 편안한 생활을 즐기고 자유를 만끽할 수 있었을 것이다. 안타깝게도 인구의 약 95퍼센트는 소득을 넘어서는 소비를 하고 있다. 신용카드를 이용해 한도 초과가 될 만큼 돈을 쓰고, 값비싼 자동차를 사거나 빌려 타며 검소와는 거리가 먼 생활을 한다. 예를 들면, 직접 커피를 끓이는 대신 스타벅스에서 매일 한두 잔을 사서 마시는 편리함을 택하는 것이다.

문화적으로 호화로운 삶에 대해 오해를 불러일으키는 예외적인 사례는 항상 있기 마련이다. 하지만 사람들은 그러한 예외적인 사례에 사로잡혀 불편한 진실을 깨닫지 못한다. 99퍼센트의 사람들 대부분이 당장의 기쁨을 나중으로 미루고 힘들어도 소득에 맞게 감당할 수 있는 만큼만 소비한다면 그들 역시 상위 1퍼센트에 들어갈 수 있다는 진실 말이다.

네 번째, 상위 1퍼센트 중에는 혁신적인 제품과 서비스를 개발한 기업가들이 많다. 사람들이 이런 사실을 모르는 것은 정치의 영향도 있다고 생각한다. 선거철마다 정당 가릴 것 없이 모든 정치인은 유권자의 마음을 얻기 위해 다음과 같은 구호를 외친다.

"우리 경제에서 창출되는 돈과 가치는 모두 상위 1퍼센트에게 흘러갑니다. 열심히 일하는 나머지 99퍼센트는 아무것도 얻지 못하고 있습니다!"

이 말은 마치 상위 1퍼센트가 나머지 99퍼센트의 삶을 전혀 개의치 않고 거대한 진공청소기처럼 나라의 모든 재산을 착복한다는 의미로 들린다. 이는 분열을 일으키는 표현일 뿐만 아니라 전혀 사실이 아니다. 자유 시장 경제에서 대다수는 다른 사람들의 삶을 풍요롭게 할 때 부를 쌓을 수 있다. 물론 음란물 제작·판매자, 사기꾼, 마약상처럼 비정상적인 방식으로 부를 쌓는 부류도 있다. 이들을 제외한 대부분의 상위 1퍼센트는 자신들의 자산을 훌쩍 뛰어넘을 만큼 큰 가치를 99퍼센트에게 전달하는 방식으로 부를 축적한다.

이러한 주장을 뒷받침하는 증거는 무엇일까? 우선 30년 전과 지금의 빈곤층, 중산층, 상류층의 생활 수준을 비교해보자. 스티브 무어Stephen Moore, 아트 라퍼Art Laffer, 피터 타누스Peter Tanous는 그들의 저서 《번영의 종말》The End of Prosperity에서 이렇게 지적했다.

> 오늘날에는 가난한 사람들도 한때 사치품으로 여겼던 세탁
> 기, 건조기, 냉장고, 전자레인지, 컬러 TV, 에어컨, 오디오 기
> 기, 휴대전화, 자동차 등을 소유한다. 놀랍게도 이러한 소비
> 재를 소유한 빈곤층의 비율이 1970년 '중산층'의 소유 비율보
> 다 높다.

요즘 10대들은 스마트폰과 노트북으로 학교 숙제를 하고 넷플
릭스를 시청한다. 스마트폰과 노트북이 없는 10대들의 모습은 상
상하기 어렵다. 컴퓨터와 스마트폰 같은 전자 기기부터 가전제품
과 저렴한 간편식에 이르기까지 현재 매우 낮은 비용으로 제공되
는 수많은 제품과 서비스는 상위 1퍼센트에 속한 혁신적인 기업가
들이 개발한 것이다. 최근 워런 버핏은 "오늘날 태어나는 아기들
은 역사상 가장 운이 좋은 세대"라고 말했다. 그리고 다음과 같이
덧붙였다.

> 이제 미국의 1인당 실제 GDP는 약 5만 6,000달러다. 작년에
> 도 언급했듯, 이는 내가 태어난 해인 1930년의 여섯 배에 달
> 하는 엄청난 금액이다. 우리 경제는 당시 부모 세대들은 상상
> 도 할 수 없었던 수준으로 크게 도약한 셈이다. 오늘날 미국인

들은 1930년 당시 미국인들보다 본질적으로 더 똑똑하지도 않을뿐더러 더 열심히 일하지도 않는다. 다만 훨씬 효율적으로 일함으로써 훨씬 많이 생산한다. 이러한 강력한 추세는 앞으로도 계속되리라 확신한다. 미국의 경제 마법은 여전히 살아 있고 건재하다.

다시 말해, 가치는 계층에 상관없이 모든 사람을 위해 창출되고 있다는 것이다.

다섯 번째, 상위 1퍼센트는 대다수가 생계를 위해 장시간 일한다. 상위 1퍼센트에 속할 만큼 부유한 사람들의 삶을 주제로 한 영화와 책은 물론, 그러한 삶에 대한 우리의 상상에 이르기까지 이러한 오해는 사회 전반에 퍼져 있다. 우리는 쌓아둔 돈을 투자해 별다른 활동 없이 넉넉한 수입을 얻고, 요트와 전용기를 타거나 수영장과 골프장, 스키장, 값비싼 레스토랑에서 느긋하게 시간을 보내는 부자들의 모습을 떠올린다.

하지만 현실은 다르다. 상위 1퍼센트는 긴 근무 시간과 스트레스, 수면 부족에 끊임없이 시달리고 가족 행사를 놓치기 일쑤다. 뉴욕대 사회학과 교수인 달튼 콘리Dalton Conley 는 "현재 부자들은 스트레스를 가장 심하게 받으며 일을 가장 많이 하는 사람들이다. 고소득자들의 노동 시간이 저소득자들을 앞지른 것은 아마도 이러한 통계를 작성한 이래 처음일 것이다."라고 말했다. 경제학자 피터 쿤Peter Kuhn과 페르난도 로자노Fernando Lozano의 공동 연구에 따르면, 1980년 이후로 장시간(주 49시간 이상) 일하는 소득 하위 20퍼센트의 수가 절반으로 줄었다. 반면 장시간 일하는 소득 상위 20퍼센트의 수는 80퍼센트나 증가했다. 상위 1퍼센트의 대다수는 확실히 생계를 위해 일하고 있는 것이다. 그들은 그저 일반 사람들과 다른 방식으로 다른 일을 할 뿐이다.

이 책에서는 그들의 공통 특징을 더 자세히 살펴보려고 한다. 돈을 잘 벌어들이는 방법에서 나아가 잘 살고 잘 나눠줄 방법에 대한 여러 가지 아이디어를 알려줄 것이다. 위대한 성공이 당신과 가족 그리고 지역 사회를 풍요롭게 만들지 못한다면 무슨 소용 있겠는가? 이것이 바로 이 책에서 공유할 '부자의 패턴'이다.

지금까지 우리는 상위 1퍼센트라는 목표를 추구하는 데 장애물로 작용하는 잘못된 믿음과 근거를 바로잡았다. 이제 목표를 달성할 절실한 마음을 가질 수 있도록 설득력 있는 근거를 찾아야 한다.

충분한 이유만 있다면 스스로 정한 현실적인 목표를 모두 달성할 수 있다.

나의 멘토인 짐 론의 말이다. 가능한 한 가장 강력하고 설득력 있는 이유가 있다면 정말 놀라울 만큼 빠르게 꿈을 실현할 수 있을 것이다.

이제 중요한 행동을 실행하는 것으로 이번 장을 마치려 한다. 노트북이나 태블릿 컴퓨터, 또는 메모지를 꺼내라. 그리고 당신이 상위 1퍼센트에 진입하는 것이 자신과 주변 사람들의 삶을 얼마나 더 윤택하게 만들지 적어보라. 가능한 한 설득력이 있고 감성을 자극할 만큼 구체적으로 서술해야 한다. 명확한 이유를 작성할수록 동기 부여가 돼 더 빠르게 부의 지름길로 당신을 이끌 것이다. 강력한 이유를 찾기 어렵다면 이 책을 계속 읽어보자.

제3장

부자의 미래

. . . .

평균의 부를 보장받던
시대는 끝났다

나이팅게일 코넌트사의 창립자인 고故 얼 나이팅게일은 이 시대 최고의 자기계발 분야 전문가다. 그의 대표 저서이자 오디오 프로그램인 《선두에 서라》Lead the Field는 역사상 가장 많이 팔린 오디오 프로그램으로 꼽힌다. 전직 CEO와 대통령들이 그가 프로그램에서 알려준 생각과 방법을 성공 비법으로 소개한 덕분에 '대통령들의 프로그램'이라고도 불린다. 나는 나이팅게일 코넌트사에서 부사장으로 일하면서 얼 나이팅게일의 훌륭한 아이디어들을 직접 세상에 소개할 수 있었다. 그는 지금도 내게 멋진 영감을 주는 멘토다.

《선두에 서라》처럼 출간된 지 수십 년이 지난 훌륭한 고전들을 살펴보면서 21세기에도 변함없이 통하는 성공 전략은 무엇인지, 그동안 우리 사회와 환경이 얼마나 달라졌는지 되돌아보는 과정은 매우 흥미로울 것이다. 목표 설정과 달성, 긍정적인 태도와 진실된 행동, 탁월해지기 위한 노력과 시간 관리에 대한 개념은 늘 자기계발 전략에서 빠지지 않는 불변의 진리다. 하지만 개념을 표현하는 방식과 전제는 시간이 갈수록 급진적으로 바뀌었다.

얼 나이팅게일의 《선두에 서라》는 1940년데, 나폴레온 힐의

《놓치고 싶지 않은 나의 꿈 나의 인생》은 1937년, 데일 카네기의 《데일 카네기 인간관계론》은 1936년에 출간되었다. 사회 관습이나 변화의 속도 면에서 1960년대와 1980년대가 매우 다른 양상을 보이는 것이 사실이다. 하지만 현재 우리가 경험하고 있는 변화의 속도는 어느 시대와도 비교할 수 없을 만큼 빠르다는 데 이견은 없을 것이다.

유의미한 혁신 수준의 가속화 여부에 대해서는 다소 논쟁의 여지가 있지만 변화가 더욱 빠른 속도로 진행되고 광범위한 인구 집단에 영향을 미치고 있다는 점은 분명하다. 급격한 변화 중에서도 특히 기술 변화는 매우 빠르게 일어났다. 때문에 우리의 삶에 미치는 긍정적인 영향과 부정적인 영향을 신중하게 검토하기가 쉽지 않다. 이럴 때는 한 발짝 뒤로 물러서서 인생의 큰 그림을 그려 보는 것이 중요하다. 사회·기술 변화에 적응하는 과정이 우리에게 어떤 영향을 끼치는지 깨닫고, 우리가 믿는 가치와 목표에 부합하는 인생을 살 수 있도록 의식적으로 적절한 선택을 할 수 있어야 한다.

《1분 경영》을 비롯해 많은 베스트셀러를 집필한 켄 블랜차드Ken Blanchard가 수년 전 알버트 아인슈타인이 한 말을 내게 알려준 적이 있다. 아인슈타인은 "다른 도시로 이사를 간 고모와 통화할 수 있으니 전화기가 발명된 것은 참 멋진 일이다. 하지만 전화기가 발명되지 않았다면 고모는 아마 이사를 가지 않았을 것이다."라며 모든 기술 변화에는 득과 실이 있다는 중요한 사실을 지적했다. 우리 삶에 영향을 주는 새로운 기술, 즉 새로운 변화를 받아들일 때는 그러한 득실을 모두 고려해야 한다.

바로 이 지점에서 부자가 되고 싶은 사람들이 배워야 할 상위 1퍼센트의 성공 비법을 찾을 수 있다. 상위 1퍼센트는 우리가 살고 있는 지금 이 시대에 발맞춰 변화하면서도 발 빠르게 적응한 성공 모델이기 때문이다.

앞서 언급한 자기계발 분야 고전에 나오는 전통적인 성공 비법은 지금도 본질적으로 통할 것이다. 하지만 적용하는 방식은 달라져야 한다. 동시에 과거와 현저히 달라진 지금 사회를 반영한 성공 비법들도 고려해야 한다. 요컨대, 얼 나이팅게일과 나폴레온 힐, 데일 카네기 등 성공의 대가들이 지금 이 시대를 산다면 사람들에게 탁월한 성공을 이룰 수 있는 방법으로 무엇을 조언할까? 이 책은 바로 이 점을 논하고자 한다.

최근에 나는 과거와 현저하게 달라진 오늘날의 사회와 시장을 완벽하게 담아낸 책을 읽었다. 조지 메이슨 대학의 경제학 교수 타일러 코웬Tyler Cowen이 쓴 《4차 산업혁명, 강력한 인간의 시대》다. 덧붙이자면 앞으로 이 책을 시작으로 여러 권을 추천할 것이다. 아직 코웬의 책을 읽어보지 못했다면 지금 당장 읽어보길 바란다. 코웬은 이 책에서 '미래의 일과 임금', '고소득자'(상위 1퍼센트에 해당하는), 우리 경제에서 사라질 직업들, '노동의 신세계'와 미래 세상에서 성공하는 법 등을 다루고 있다.

핵심은 자동화로 일자리가 대체되어 더 이상 일직선의 커리어 패스를 그리기 어려운 유동적인 글로벌 세상에서 '평균의 삶'이라는 선택권이 사라졌다는 점이다. 코웬에 따르면, 상위 1퍼센트를 포함한 많은 고소득자는 기계 지능machine intelligence을 더욱 적극적으로 활용해 더 나은 결과를 얻고 있다. 한편 모든 사업 부문에서 점차 육체노동에 의존하는 정도가 줄어들고 있으며, 이는 안정적이고 확실한 평균의 삶이 끝났음을 의미한다.

다음은 코웬의 책에 나온 또 다른 중요한 문장으로, 함께 생각해봐야 할 지점을 짚어준다.

우리는 뇌의 일부분을 기계 장치에 위탁하고 있다. 실제로 인간은 수천 년에 걸쳐 필기도구, 책, 주판, 슈퍼컴퓨터 등에 의존해왔다. 또한 인간은 이러한 모든 장치 개발에 대응하여 기계가 제공할 수 없는 기술에 좀 더 집중해왔다.

우리는 마지막 문장에서 상위 1퍼센트를 목표로 삼은 이 책의 사명을 찾을 수 있다. 기계가 가져다줄 수 없는 탁월한 성공을 위한 습관과 태도, 전략에 집중할 수 있도록 당신을 이끄는 것이 바로 이 책의 사명이다. 기계는 우리가 목표를 추구하고, 돈과 건강 관련 데이터를 관리하는 데 도움을 줄 수 있지만 우리에게 어떤 목표와 우선순위를 추구해야 하는지는 알려주지 못한다. 기계는 인간이 가진 특성과 매력적인 성향을 가질 수 없으며 고객의 니즈를 헤아리는 세심함도 갖추기 어렵다. **여기서 말하는 '탁월한 성공'은 단지 금전적인 성공뿐 아니라 인격을 두루 갖춘 사람으로의 성장을 의미한다는 점을 명심하자.**

기술이 발달한 세상은 개인이 성공하는 데 필요한 중요한 요소에 관심을 쏟지 못하도록 끊임없이 우리를 방해한다. 그러기에 내가 이 책에 공유할 성공 아이디어들은 지금 시기에 더욱 시의적절하게 와닿을 것이다.

자기계발 분야의 고전들이 제시한 성공 비법은 자신의 분야에서 탁월해지기 위해 노력하는 것이 하나의 괜찮은 '선택지'였던 시대에 만들어졌다. 제2차 세계대전 이후, 경제는 중산층에게 계속해서 호황기를 누리게 했고 삶의 속도는 안정적이었으며, 광범위한 인구의 소득이 역사상 가장 빠른 속도로 증가했다. 당시에는 누구나 마음만 먹으면 안락한 평균의 삶을 살 수 있었다. 고용은 안정적으로 유지되었고 생활 여건은 중산층도 괜찮은 삶을 적당히 영위할 수 있는 수준이었으며 일자리가 기계나 해외 노동자로 대체될 걱정도 없었다.

하지만 그러한 시대는 지났다. 오늘날에는 상위 1퍼센트에 속하는 탁월한 사람이 되기 위해 노력하는 것이 여러모로 훨씬 수월하다. 그렇지 않다면 훨씬 더 불안정하고 불확실하며 불안한 삶을 살아야 할 것이다. 앞서 언급했듯, 설령 목표에 도달하지 못하더라도 목표를 향해 노력한다면 더욱 보람과 성취감을 느낄 수 있을 것이다. 따라서 나는 과거의 성공서와 달리, 상위 1퍼센트라는 목표를 하나의 선택지가 아닌 '필수 조건'으로 여기길 권한다. 그것이야말로 인생을 차근차근 꾸려나가는 데 절대적으로 필요한 조건이자 궁극적으로 인생을 더 나은 방향으로 바꿀 유일한 수단이기 때문이다.

이 책에서는 상위 1퍼센트로 거듭날 다양한 방법들을 여러 개의 짧은 장으로 구성해두었다. 빠르게 읽을 수 있으며, 언제든지 살면서 필요할 때 원하는 부분으로 다시 돌아가 살펴볼 수 있다. 이 책은 성공하는 데 필요한 모든 생각과 방법을 총망라하여 단순히 열거하는 데 그치지 않고 내가 진정성을 갖고 자신 있게 제시할 수 있는 내용과 당신에게 가장 도움이 될 만한 생각과 방법을 모아 작성했다. 물론 이 모든 생각과 방법이 단지 나만의 비법은 아니다. 이 책에서 다루는 내용은 지난 수년 동안 내가 자기계발 업계에서 일하면서 알게 된 최고의 생각과 방법을 모아 엄선한 것이다. 나는 켄 블랜차드가 그러했듯, 나 자신을 '방직공'이라고 생각하고 싶다. 그동안 터득한 모든 생각과 방법을 동원해 자기 자신에게 맞는 근사한 비단으로 엮어내는 사람 말이다.

당신도 이 책에 나오는 멋진 아이디어들을 머릿속에 떠올릴 때 이와 같은 방식으로 접근하길 바란다. 분명 그중에서도 유독 마음에 들거나 실용적으로 와닿는 것들이 있을 것이다. 단, 각 아이디어를 한 가닥씩 조심스럽게 엮어 자신만의 독특한 비단으로 만들어냈을 때 비로소 이 책에서 진정한 가치를 얻을 수 있다. 궁극적인 목표는 이 책을 자신이 정한 목표와 목적에 맞게 활용하여 자신만의 무기로 만드는 것이다.

자, 이제 시작하자.

제4장

부자의 원천

강력한 동기부여를
연료로 성공을 향해
달려라

나는 지난 수년 동안 터득한 여러 성공 아이디어들을 다시 살펴보며 그중에서도 인상적인 것들을 찾는 데 집중했다. 그리고 스스로 다음과 같은 질문을 던졌다.

'성공적인 삶을 좌우하는 아이디어와 실패를 거의 확신할 수 있었던 아이디어가 있었는가? 더 나아가 내 인생에서 개인적으로 가장 큰 변화를 일으킨 아이디어나 원칙이 있다면 무엇일까?'

이러한 질문을 연이어 던지자 답은 분명해졌다. 바로 내가 '단 하나의 진정한 기쁨'으로 부르는 원칙, '헌신'이다. 이 원칙을 너무 진부하다거나 뻔한 아이디어로 넘기기 전에 처음 익히듯 새로운 마음가짐으로 다시 바라봐주길 바란다. 실제로 헌신은 모든 성공적인 삶이 구축되는 토대다. 하지만 헌신은 가장 재미없고 따분한데다 아마도 자기계발 분야에서 가장 주목받지 못하는 성공 원칙일 것이다. 켄 블랜차드의 말을 빌리자면 기업 대부분이 실패하는 이유는 "헌신한다는 약속대로 헌신하지 않았기 때문"이다.

이는 모순처럼 들릴 수도 있다. 이미 헌신했는데 왜 또다시 헌신해야 할까? 블랜차드의 말을 제대로 이해하려면 '값싼 헌신'과 '진정한 헌신'의 의미를 제대로 해석할 필요가 있다. **값싼 헌신은 사**

람들이 쉽고 가볍게 내뱉는 형태의 헌신이다. "내일 다시 전화할게.", "올해는 다이어트를 위해 운동을 할 거야.", "그럼요, 수요일까지는 보고서를 준비할 수 있어요.", "아들, 지금은 바빠서 안 된단다. 내일 놀아줄게."와 같은 말들은 새해 첫날 큰 열정만으로 별다른 계획 없이, 자기 자신이나 다른 사람의 마음을 달래기 위해 내뱉는 약속들로 값싼 헌신이다.

그에 비해 진정한 헌신은 깊은 생각과 각오, 동기 부여로 이루어진다. 헌신하는 사람의 목소리에는 굳은 의지를 나타내는 확고함이 묻어난다. 그렇다고 진정으로 헌신하는 사람은 두려움을 느끼지 않는다거나 의심이 전혀 없다는 뜻은 아니다. 때로는 두려워하거나 의심할 때가 있다. 하지만 진정한 헌신은 그 자체만으로 강력하고 확고하며 돌이킬 수 없는 것이다.

값싼 헌신과 진정한 헌신의 차이점은 마라톤에 비유해볼 수 있다. 나는 지난 25년 동안 시애틀, 시카고, 보스턴 등지에서 총 열아홉 번의 마라톤을 완주했다. 내가 마라톤을 좋아하는 이유는 '속임수가 통하지 않는' 목표이기 때문이다. 특별한 경우를 제외하고는 진정한 헌신 없이 42킬로미터에 달하는 마라톤 코스를 완주할 수 없다. 먼 미래에 성과를 내기 위해 수개월 동안 매주 수십 킬로미터를 달리며 혹독한 훈련을 견뎌야 한다. 여기에는 식습관과 매일의 우선순위, 무엇보다도 강인한 정신력을 재정립하는 과정도 포함된다. 이처럼 마라톤은 진정한 헌신이 필요한 훈련이다.

그렇다고 해서 마라톤 경주를 하는 당일까지 모든 참가자가 진정으로 헌신한다는 뜻은 아니다. 수만 명의 마라톤 선수들이 출발 신호와 함께 출발선을 힘차게 박차고 나가 결승선을 향해 질주한다. 하지만 노련한 선수들은 전체 30퍼센트에 달하는 선수들이 코스를 완주하지 못할 것이라는 사실을 알고 있다. 실제로 아드레날린이 솟구친 지 한참이 지났을 때 당장 그만두고 싶은 유혹을 떨쳐내기 힘든 마의 구간, 즉 29~42킬로미터 사이에서 진짜 승부가 펼쳐진다. 선수들이 목표를 달성하기 위해 수개월에서 수년 동안 기울인 진정한 헌신은 29킬로미터를 넘어 결승선까지 계속 달릴 수 있는 원동력이 된다.

당신의 29킬로미터는 어디인가? 결혼 생활에 위기를 겪을 때, 사업을 흑자로 전환하고 싶을 때, 승진하고 싶을 때, 10대 자녀와 더 돈독한 관계를 맺고 싶을 때 당신은 인생이라는 마라톤 경기에서 29킬로미터 지점에 서 있는지도 모른다. 29킬로미터 지점은 가치 있는 목표를 향해 나아가는 길에서 맞닥뜨리기 마련이다. 그러니 출발선에서는 값싼 헌신을 기울이지 않는 편이 낫다. 코스를 계속 이어가고 싶다면 29킬로미터 지점에서 진정한 헌신을 기울이며 상위 1퍼센트를 향해 달리자. 장담하건대, 결승선에서 행복을 뛰어넘어 훨씬 깊고 충만한 감정을 느낄 수 있을 것이다.

제5장

부자의 품격

특권 의식을 버리고
항상 배우는 자세를
유지하라

지금부터 어느 특별한 여성의 이야기를 해보려 한다. 그녀는 86세가 될 때까지 여러 지식과 기술을 스스로 습득했다. 예컨대 그녀가 살던 아파트 단지 내 도로 곳곳에 움푹 들어간 '싱크홀'sink hole이 있었다. 큰 사고가 날 수도 있는 상황이었기에 빨리 보수를 해야 했다. 그녀는 집주인에게 여러 차례 이 사실을 알렸지만 몇 달이 지나도 아무런 조치가 없었다. 결국, 그녀는 직접 문제를 해결하기로 했다.

그녀는 싱크홀을 메꾸는 데 필요한 최적의 시멘트 혼합물에 대해 알아본 후, 대형 철물점에서 구한 재료로 직접 싱크홀을 메꿨다. 그로부터 10년이 지난 지금 그녀에게 싱크홀은 아련한 추억으로 남아 있다.

그녀는 6년 전 크리스마스에 생애 첫 컴퓨터를 선물로 받았다. 한 달 동안 컴퓨터 사용법을 차근차근 독학한 결과, 평범한 스무 살 젊은이들보다 훨씬 능숙하게 각종 프로그램과 인터넷을 사용할 수 있게 되었다.

그뿐이 아니다. 그녀는 선거에 출마한 공화당과 민주당의 대통령 후보들과 의원 후보들을 훤히 꿰고 있었다. 추수감사절 저녁 식사 자리에서 그녀는 각 후보의 장단점에 대해 열띤 토론을 벌였고, 나머지 가족들은 호박파이 디저트를 먹으며 그녀의 해박한 지식에 감탄하고는 했다.

열 명의 손주들은 진로를 고민할 때마다 신문과 뉴스, 잡지 등을 가리지 않고 읽는 그녀에게 가장 먼저 의견을 구했다. 그녀가 최신 경제 동향과 떠오르는 산업에 대해 잘 알고 있었기 때문이다. 그녀는 직접 요리를 하고, 친한 친구들과 정기적으로 만나 커피를 마시며 오랜 시간 토론하길 즐겼다. 선출된 정치인들에게 이메일을 보내 그들의 좋거나 혹은 나쁜 정책 결정을 논했으며, 때로는 내가 드린 동기 부여 프로그램을 듣기도 했다.

자, 지금쯤이면 눈치챘을지도 모르겠다. 그녀는 나의 할머니다. 할머니는 98세의 나이로 세상을 떠나셨는데 할머니를 알고 지낸 거의 모든 사람에게 가장 강하고 역동적인 인물로 기억되고 있다. 할머니는 지금도 나의 영웅이다. 나는 단순히 할머니처럼 오래 살고 싶다기보다 할머니가 살아온 '방식'을 본받고 싶다.

삶을 대하는 자세는 경험의 질뿐만 아니라 세월의 양, 즉 수명과도 깊은 관련이 있다는 것을 우리는 모두 직감적으로 알고 있다. 100세 이상 노인을 대상으로 진행한 최근 연구에서도 이러한 사실이 입증되었다. 브래들리 윌콕스Bradley Wilcox, 크레이그 윌콕스Craig Wilcox, 마코토 스즈키Makoto Suzuki는 베스트셀러인 《오키나와 프로그램》에서 산업화 국가에 사는 일반 사람들보다 평균적으로 더 오래 사는 일본 오키나와 사람들의 생활 습관을 심층적으로 연구했다. 저자들은 장수에 영향을 미칠 수 있는 요인으로 몇 가지 독특한 식이요법과 운동을 논하긴 했지만 주된 요인으로 기본적인 삶의 태도를 꼽았다. 특히 오키나와 사람들의 삶에 대한 관심과 열린 마음, 새로운 것을 배우려는 의지 등을 주요 특징으로 설명했다. 이처럼 삶을 대하는 태도와 식생활, 운동 요인은 대체로 문화와 관련이 있는데, 오키나와에서는 모든 사람이 비슷한 방식으로 사는 경향이 있었다.

안타깝게도 서구 문화에는 이러한 요인들이 내재되어 있지 않다. 사실 제1세계 산업화 국가에서 살고 있는 사람들의 전반적인 건강과 삶을 대하는 자세를 들여다보면 아쉬운 점이 꽤 있다. 왜 그럴까? 미국을 예로 들어보자. 현대의 미국인들은 비교적 윤택한 생활을 누리고 있다. 원한다면 즉시 인터넷을 사용하고, 도서관과 교육기관을 이용하고, 일터와 거주지, 종교와 믿음 등을 자유롭게 선택할 수 있다. 세상의 모든 역사를 통틀어봐도 이렇게 원하는 것을 모두 가질 수 있는 시대는 없었다.

하지만 통계에 따르면 미국인이 1년 동안 읽는 책은 평균적으로 한 권이 채 되지 않는다. 《희생자들의 나라》A Nation of Victims의 저자 찰스 사이크스Charles Sykes, 기업가들을 위한 전략 코치 프로그램의 창시자인 댄 설리번Dan Sullivan 등 여러 문화평론가와 비즈니스 리더들은 현재 많은 미국인이 빠져든 특권 의식을 두고 비통함을 감추지 않는다. 댄 설리번은 이를 '특권 태도'로 표현하기도 했다. 이것은 앞서 소개한 나의 할머니와 오키나와 사람들의 자세와는 상반된 것으로, '나는 사회로부터 받아야 할 빚이 있다'고 여기는 태도를 가리킨다. 더 나아가 이러한 특권 태도를 지닌 사람들은 종종 '내가 사회에 얼마나 돌려주든지는 상관없이 무조건 사회로 부터 받아야 할 빚이 있다'고 생각한다. 이러한 암적인 사고방식의 영향으로, 미국은 제1세계 산업화 국가 중에서도 가장 낮은 학업 성취도와 가장 높은 범죄율, 가장 낮은 건강 수준을 기록하고 있다.

세계에서 가장 성공한 상위 1퍼센트에 들고 싶다면 가장 중요한 첫 번째 단계로 특권 의식을 버리고 '관용의 태도'를 갖춰야 한다. 오래도록 품격 있는 삶을 살고 싶어 하는 사람들은 매일 이러한 자세를 실천한다. **관용의 태도는 쉽게 말해 '평생 배움을 지속하는 자세'다. 삶에 대한 관심과 열린 마음, 새로운 것을 배우려는 의지 등 앞서 언급한 모든 자질을 아우른다.**

관용의 태도를 갖춘 사람들은 자신의 인생에 필요한 것들을 사회로부터 받아야 할 빚이라고 생각하지 않는다. 대신 '당장 쓸 수 있는 훌륭한 자원들을 활용해 필요한 것을 얻어낼 방법을 익히는 일은 전적으로 내 몫이다'라고 생각한다.

이러한 사람들은 86세의 나이에도 도로 위 싱크홀을 메꿀 필요성을 제기하고 국회의원에게 의견을 전달하기 위해 적극적으로 편지를 쓰는 일을 마다하지 않는다. 인생이 생각만큼 술술 풀리지 않고 심지어 고관절 수술을 받아야 할 정도로 건강이 악화되어도 세상을 저주하거나 냉소와 후회로 가득한 삶을 택하지 않으며, 대신 운동 수업을 듣기 시작한다. 그들은 인과 법칙을 거스르지 않고 순응하며 살아간다. 그들처럼 관용의 태도를 갖춘다면, 마치 마법처럼 인생에서 맞닥뜨리는 모든 장애물을 기회로 바꿀 수 있을 것이다.

조직 내 대체 불가능한 존재가 되어라

아마도 20세기 소설가 중에서 아인 랜드Ayn Rand만큼 많은 논란을 일으킨 동시에 큰 영향을 끼친 인물도 없을 것이다. 그녀의 고전소설 《아틀라스》는 수년 동안 《데일 카네기 인간관계론》과 경쟁하며 성경에 이어 두 번째로 가장 많이 팔린 베스트셀러에 올랐다. 미국의 거의 모든 고등학생과 대학생이 필수 교과 과정으로 그녀의 작품을 읽었고, 그녀의 철학은 미국에서 가장 성공한 경영자들에게 영향력을 미치기에 이르렀다.

사실 나는 아인 랜드의 의견에 전적으로 동의하진 않는다. 이를테면 그녀는 이타주의와 영성을 거부하고 복잡한 인생 문제를 단순하고 객관적인 격언으로 지나치게 단순화하는 경향이 있다. 하지만 그녀가 주장한 한 가지 개념만큼은 내게 큰 영향을 주었다. 나는 자기계발 시장에서 경험을 쌓으면서 그 개념의 진실을 더욱 분명하게 깨달았다. 바로 남녀를 통틀어 영웅 또는 그녀가 일컫는 '주도자'prime mover라는 존재의 개념이다. 아인 랜드의 소설에는 보통 사람들보다 사회에 훨씬 더 많은 가치를 공헌하고 조직의 엔진을 가동하는 데 꼭 필요한 리더십과 독창성을 지닌 영웅들이 많이 등장한다. 《아틀라스》에서는 모든 영웅들이 파업에 돌입하면서 사회가 서서히 동력을 잃어버리는 결말을 맞이한다.

2000년대 초반과 2010년대 중반, 직장에선 흔히 "나 하나 없어도 회사는 잘 돌아간다."라는 말이 유행했다. 길거리를 오가는 사람들을 붙잡고 어느 날 갑자기 해고 대상이 되진 않을지 물어보면 보통은 다음과 비슷하게 답할 것이다.

"글쎄요, 저는 열심히 일하고 있으니 잘리지 않으면 좋겠어요. 하지만 제가 없다고 회사가 안 돌아가진 않겠죠."

나는 이 생각에 동의하지 않는다. 제조, 회계, 협상, 판매 같은 기술은 대체될 수도 있지만 자신만의 독창적인 기술과 방식을 가진 사람들은 쉽게 대체할 수 없다. 심지어 어떤 이들은 조직을 떠난 후에도 실적에 엄청난 영향을 끼친다.

1990년대 후반 농구 선수 마이클 조던과 필 잭슨이 시카고 불스를 떠나자 팀의 우승 기록은 어떻게 되었는가? 제네럴일렉트릭의 CEO 잭 웰치가 은퇴했을 때 회사의 주가는 어떻게 되었는가? 스타벅스의 창립자이자 CEO인 하워드 슐츠가 경영에서 물러나겠다고 밝혔을 때 스타벅스 주가와 매장 실적은 얼마나 큰 타격을 받았는가?

각 사례를 살펴보면 조직에 없어서는 안 될 개인, 즉 주도자가 자신의 기술과 타고난 재능을 넘어 조직의 발전에도 크게 기여한다는 것을 알 수 있다. 그들은 다른 모든 기술과 재능을 초월하는 탁월한 개성과 능력으로 힘든 일을 척척 해낸 것이다. 이처럼 조직에 꼭 필요한 사람들은 거의 예외 없이 상위 1퍼센트에 들어간다.

이제 당신은 이런 의문이 들 것이다.

'그들은 전설적인 존재나 다름없는 매우 이례적인 인물들이잖아. 나는 소규모 제조업체에서 중간 관리자로 일하는데 어떻게 조직에 없어서는 안 될 대단한 존재가 될 수 있겠어.'

일리 있는 생각이다. 그렇지만 모든 사람이 없어서는 안 될 존재가 되기 위해 반드시 기업의 CEO나 스타급 농구 선수가 되어야 하는 것은 아니다. 거창하게 말하자면 '영웅'이 될 필요는 없다. 실제로 수없이 많은 기업과 조직에서 개인이 직급에 상관없이 주도적인 역할을 해낸 사례는 많다.

《영업의 기술》State of the Art Selling과 《숨은 원석》Diamond in the Rough의 저자 배리 파버Barry Farber가 내게 애틀랜타에 있는 메리어트 마르퀴스 호텔의 벨보이에 대해 말해준 적이 있다. 그 벨보이는 '스미티'로 불렸다. 스미티는 탁월한 봉사 정신과 뭐든지 할 수 있다는 긍정적인 자세, 언제 봐도 기분 좋은 미소를 지닌 직원으로 명성이 자자했다. 그는 호텔을 찾은 모든 고객의 이름과 선호하는 방, 즐겨 찾는 룸서비스 품목도 모자라 배우자와 자녀의 이름까지 기억했다. 야구 선수와 정치인, 그 외 유명 인사 등이 호텔에 도착하기 전에 그를 콕 집어 필요한 서비스를 미리 요청할 정도로 그는 굉장히 유명해졌다. 그가 전설적인 벨보이로 큰 인기를 끈 덕분에 유명 인사들은 애틀랜타를 찾을 때마다 마르퀴스 호텔에서만 머무르려 했다. 스미티는 여느 직원 못지않게 마르퀴스 호텔의 지속적인 성공을 이끈 매우 중요한 인재였다.

당신이 사장이든 중간 관리자이든, 신입 사원이든, 다음과 같이 행동한다면 조직에 없어서는 안 될 중요한 존재로 거듭날 수 있을 것이다.

첫 번째, 많은 일을 벌여라. 직장 생활을 다룬 자기계발서 중에는 자신만의 브랜드를 구축하고 이력서를 빛낼 최고의 프로젝트만 골라서 수행하라고 말하는 책들이 있다. 이것은 평생 직장을 이리저리 옮겨 다니려는 사람에게는 괜찮은 전략이 될 수 있다. 하지만 현재 몸 담고 있는 회사에 없어서는 안 될 인재가 되고 싶다면 이 전략만으로는 부족하다. 그보다는 많은 일을 벌이며 조직 내 다양한 영역에 기여하는 '귀중한 인재'로 거듭날 방법을 찾아야 한다.

각 부서의 핵심 인사들에게 매우 도움이 되는 사람이라는 인식을 확실히 심어주어야 한다. 직속 상사의 프로젝트에만 열을 올려서는 안 된다. 다른 모든 부서와 임직원에게도 기꺼이 시간을 들여 도움을 주는 사람이 되어야 한다. 만일 자기 잇속만 챙기는 사람이라는 평판을 얻고 있다면 직속 상사가 회사를 떠나게 됐을 때 당신 역시 머지않아 회사를 떠나야 할지도 모른다.

두 번째, 자신만의 흔적을 남겨라. 당신만의 독특한 자질은 무엇인가? 독특한 자질이란 가족과 직장 동료 등 당신을 아는 주변 사람들이 늘 언급하고 인정하는 뛰어난 능력을 말한다. 어쩌면 당신은 대단히 긍정적인 태도와 꼼꼼함, 남다른 재능과 훌륭한 사교성 등 다양한 자질을 갖추고 있을 것이다. 주어진 모든 업무에서 자신만의 개성과 자질을 발휘할 방법을 찾아보자. 기술은 쉽게 대체될 수 있다. 하지만 그러한 기술을 자신만의 방식으로 구현해내는 진정한 인재는 쉽게 대체될 수 없다.

세 번째, 맡은 일을 훌륭하게 수행하라. 탁월한 능력을 대체할 수 있는 것은 아무것도 없다. 특히 상위 1퍼센트에 들어가고 싶은 사람들에게 능력은 필수 요건이다. 조직에 도움이 되고 믿음을 주는 사람이 되는 것은 그리 어렵지 않다. 하지만 정작 성과를 내지 못한다면 어떤 조직에 있든 당신에게 주어진 시간은 제한적일 것이다. 회사의 이익을 창출하는 데 필요한 핵심 기술을 세 가지만 찾아보자. 이 세 가지 기술을 중심으로 학습 커리큘럼을 만들어 각 기술에 3개월씩 투자해 발달시키자. 관련 세미나에 참석하거나 오디오 프로그램을 듣고 기술을 가르쳐줄 멘토를 찾는 등 다양한 시도를 해볼 수도 있다. 앞으로 9개월 후, 당신은 우수한 성적으로 학습 커리큘럼을 이수하는 동시에 탄탄한 경력도 쌓을 것이다.

네 번째, 즉시 답하라. 하루 24시간 내내 200통의 이메일과 열 통의 음성 메시지를 주고받는 일이 그리 이상하지 않은 비즈니스 환경에서, 사람들은 상대방의 답변을 받기까지 오랜 시간을 기다리는 데 익숙해졌다. 당신은 이 점을 활용해서 자신만의 돋보이는 장점을 만들 수 있다. 누구보다도 신속하게 답을 하는 사람이라는 평판을 쌓는 것이다. 베스트셀러 《쏟아지는 일 완벽하게 해내는 법》의 저자이자 생산성 전문가인 데이비드 앨런David Allen의 조언에도 귀 기울여보자. 앨런은 메시지에 빠르게 응답하기 위해 '2분 규칙'을 만들었다. 그는 이메일과 음성 메시지를 받을 때마다 2분 이내에 답장을 보낼 수 있는지 스스로 질문을 던져보라고 조언한다. 2분 이내에 할 수 있다면 바로 답장을 보내는 것이 좋다. 답변을 작성하는 것보다 사안을 분류하고 재검토하는 데 자칫 더 많은 시간을 쏟지 않도록 주의한다면 말이다. 당신이 이 규칙만 제대로 따른다면 받은 메시지의 거의 90퍼센트에 번개같이 빠른 속도로 응답하는 사람, 더 나아가 자신의 일에 전념하고 책임지는 사람으로 평가받으며 조직에 강렬한 인상을 남길 것이다.

다섯 번째, '감탄'을 자아내는 프로젝트를 진행하라. 우리는 맡은 직무에 딱 들어맞는 일, 예상에서 벗어나지 않는 전형적인 프로젝트를 진행한다. 조직에서 두각을 나타내고 꼭 필요한 인재로 거듭나기 위해서는 현재 주어진 직무의 틀에서 벗어나 기업이 새로운 방향으로 혁신하고 성장하는 데 도움이 될 만한 독창적인 프로젝트를 적어도 하나 이상 개발해야 한다. 기업의 주요 문제를 해결하고, 이에 적극적으로 기여한 핵심 직원으로서 명성을 얻고, 상사와 동료들에게 '감탄'을 자아낼 수 있는 프로젝트여야 한다. 이를테면 화려하면서도 비용 면에서 효율적인 새로운 제품 포장을 구상하거나, 제품군을 알리기 위해 회사 내부에 홍보 프로젝트 팀을 꾸리거나, 재고 관리 시스템을 개발하는 업무에 지원하는 것이다.

위와 같은 다섯 가지 방법을 실천하면 누구보다 빠르고 지속적으로 성과를 내고 조직에 없어서는 안 될 '주도자'로 거듭날 수 있다. 그리고 조직 내에서 주도자로 성장할 무렵에는 당신은 상위 1퍼센트의 일원이 되기 위한 중요한 첫걸음을 내디딘 상태일 것이다.

제7장

부자의 의지

세상에 단련 당하지 말고
스스로 단련하라

《인생 사업》The Business of Life의 저자 윌리엄 페더William Feather는 이렇게 말했다.

> 우리가 스스로 단련하지 않으면 세상이 우리를 단련시킬 것이다.

이미 수년 전에 나온 말이지만 오늘날에 더 적용 가능한 말이라고 생각한다. 나는 이를 농구 선수들의 자유투 훈련에 비유하고 싶다. 농구 선수들은 경기를 준비하며 하루에도 몇 번이나, 때로는 수십 번씩 자유투를 반복해서 던진다. 아마도 그들은 이 지루하고 단조로운 연습을 가장 따분한 운동으로 꼽을 것이다. 그렇지만 경기 도중 위태로운 상황에서 안정적으로 자유투를 성공시키는 탄탄한 기본기는 평범하거나 그저 괜찮은 농구 선수와 진정한 MVP를 가르는 척도가 된다.

누구나 '반복해서 단련하는 것'이 성공의 기본 요소라는 사실을 알고 있을 것이다. 그렇지만 자기계발 분야에서 인기 있는 주제에 관한 콘텐츠를 꾸준히 연구하고 개발하는 사람으로서 단언하건대, 대부분의 사람들은 단련하기는커녕 이에 대해 토론하는 것조차 꺼린다. 왜 그럴까? 이는 '두드려서 단단하게 함'이라는 단련의 사전적 정의에서 그 이유를 찾을 수 있다.

지금까지 내가 들어본 가장 적합한 정의는 다음과 같다.

단련은 더 높은 원칙이나 가치를 실현하기 위해 기쁨을 미룰 줄 아는 능력이다.

다시 말해, 장기적으로 더 큰 이익을 얻기 위해 단기적으로 욕구를 미뤄야 한다는 것이다. 실제로는 극소수만이 장기적인 목표를 위해 현재의 욕구를 기꺼이 나중으로 미룬다. 예를 들면, 가장 좋아하는 TV 프로그램을 보지 않기로 결심하는 것이다. 자기계발 강연가 짐 론은 이에 대해 대부분의 사람들은 "미래의 가능성이 명확하지 않으므로 당장 그 대가를 치르려 하지 않는다."라고 말했다.

하지만 윌리엄 페더의 말처럼 현실적으로 단련을 피할 길은 없다. 우리가 스스로 선택한 목표와 이상을 달성하기 위해 자기 자신을 단련하지 않는다면 결국 세상이 원하는 목표와 이상에 맞춰 살아가야 할 것이다. 즉, 자신의 목적의식, 행복, 성취감과는 아무런 관련이 없는 목표와 이상을 따라야 할지도 모른다.

이는 인생의 모든 면에 적용된다. 단련된 사람들은 일터에서 시간을 '통제하고' 기업이나 조직에 큰 가치를 제공할 만한 생산적인 활동에 전념하여 성과를 내는 반면, 단련되지 않은 사람들은 시간에 '통제된 채' 그저 밀려드는 급한 일을 끊임없이 처리하느라 전반적인 생산성에 미칠 영향을 미처 생각하지 못한다. 또한 단련된 사람들은 부모로서 아이에게 충동적으로 반응하지 않으려 애쓴다. 그들은 장기적으로 아이의 행복을 좌우할 가치를 아이 스스로 선택하게 하고 이에 기초하여 아이를 대한다. 반면 단련되지 않은 사람들은 아이의 인격 함양에 무엇이 최선일지를 고민하지 않은 채 아이의 요구에 충동적으로 무질서하게 반응한다.

단련된 사람들은 배우자와의 관계를 돈독하게 다지기 위해 매일 사소한 행동에도 시간을 들인다. 이를테면 배우자에게 짧은 편지를 쓰거나 배우자와 함께 여행 계획을 세우고, 배우자의 변덕에 똑같이 반응하지 않으려 노력한다. 반면 단련되지 않은 사람들은 배우자와 이야기할 때 자기중심적으로 반응하며 자기 욕구만 내세우고 배우자의 의견을 좀처럼 받아들이려 하지 않는다.

위 사례들에서 나타나는 단련의 특징들은 윌리엄 페더의 생각과도 일치한다. 단련된 사람은 스스로 선택한 가치에 따라 자신의 행동과 대응 방식을 선택한다. 단련되지 않은 사람은 변덕스러운 세상의 요구를 즉흥적으로 따르기 때문에 자기 자신을 통제하지 못하고 계속 다른 사람들의 자극에 민감하게 반응한다. 일관되게 스스로 단련하는 능력은 평범한 사람들과 상위 1퍼센트를 가르는 척도다.

앞서 살펴본 단련된 사람들의 사례들은 이상적인 모습을 보여준다. 우리는 어떤 일에는 단련되어 있고 또 어떤 일에는 단련되어 있지 않을 것이다. 물론 모든 사람이 인생의 주요 영역에서 완벽하게 행동할 수는 없다. 그렇다면 이제 단련을 억지로 노력해야 하는 따분한 일이 아니라 흥미진진한 도전으로 바라보는 데 도움이 될 만한 몇 가지 아이디어를 제안하겠다.

첫 번째, 단련을 오랜 시간이 걸리는 고된 노력이 아닌, '인생의 모든 영역에서 자신의 선택을 통제하는 일상적인 과정'으로 바라보자. 스티븐 코비는 그의 명저 《성공하는 사람들의 7가지 습관》에서 인간에게는 어떤 자극에도 스스로 반응하는 방식을 선택할 능력이 있다고 말했다. 동물은 자극을 받으면 본능적으로 즉시 반응하며 그들에겐 선택의 여지가 없다. 반면 인간은 자극을 받으면 생각을 하고 가장 효과적인 반응을 선택할 수 있다.

인류 역사에서 지금처럼 이러한 능력이 요구된 때는 없었다. 컴퓨터 처리 능력이 18개월마다 두 배씩 증가할 정도로 빠르게 상호 연결된 글로벌 경제 환경에서 우리는 전문가들이 일컫는 '선택의 폭정'tyranny of choices에 노출되어 있다. 여기서 '폭정'은 우리에게 결정과 반응을 끊임없이 요구하는 정보 공세를 의미한다.

하지만 오해하지 않길 바란다. 엄밀히 말하면 폭정이 아니라 엄청난 능력과 도전이 될 수 있다. 글로벌 경제의 핵심은 선택을 포기하고 시시각각으로 변하는 상황에 굴복하는 것이 아니라 어떤 정보에 집중하고 어떤 정보를 무시할지 선택하는 능력을 기르는 것이다. 선택하는 능력을 포기해선 안 된다. 자, 그렇다면 상사가 급히 처리해야 할 프로젝트를 건네줄 때, 아이가 거짓말을 할 때, 배우자가 늦게 도착한 당신에게 화를 낼 때, 당신은 어떻게 반응할 것인가? 선택은 당신의 몫이다.

물론 이런 의문이 들지도 모른다.

'내가 어떤 정보에 집중하고 어떤 정보를 무시해야 할지 어떻게 알 수 있는가? 내 인생은 정신없이 흘러가고 있고 너무 바쁘다. 내가 순간적으로 이성을 잃었을 때, 어떻게 올바른 선택을 할 수 있을까?'

이것은 많은 사람들의 공통 관심사다. 세상은 빠르게 돌아가고 있고 누군가에게 어떻게 지내냐고 물으면 보통 "너무 바쁘다."라는 답변이 돌아오곤 한다. 이러한 반응은 여러 면에서 앞서 논의한 문제를 드러낸다. 만일 바쁜 삶을 스스로 선택했다면 괜찮다. 그러나 대부분의 사람들은 바쁜 일정과 스트레스에 시달리는, 단련되지 않은 삶을 살아간다. 자기 자신이 아닌 세상이 통제하는 삶을 살고 있는 것이다.

두 번째 단계는 의식적으로 인생에서 가장 중요한 다섯 가지 가

치를 선정해 목록으로 만드는 것이다. 이를 실천하는 게 어렵다면 자신의 인생에 대한 사명을 작성해보자. 그리고 자신이 만든 목록을 다섯 개 정도 카드에 적어 눈에 띄는 장소에 두자. 예를 들어, 각각의 카드를 욕실과 자동차, 침대 옆 탁자, 사무실 책상 등 다양한 장소에 두는 것이다. 카드에 적은 자신의 가치와 사명을 자주 읽고 접하면 자연스럽게 뇌에 각인되고 당신의 가치관에 맞지 않는 선택을 하는 걸 방지할 수 있다. 마음속에 커다란 불꽃처럼 타오르는 'YES'를 품고 있다면 사소한 일에 'NO' 하고 거절하기가 한결 쉽다. 자신의 가치관을 이러한 긍정의 기준인 YES로 만들면 사소한 일에 NO라고 말하는 방법을 쉽게 익힐 것이다.

　세 번째, 정체기를 즐길 줄 알아야 한다. 무슨 뜻일까? 철학자 조지 레너드는 자신의 저서 《달인》에서 이 개념을 소개했다. '올바른 행동'으로 끝까지 버티며 자기 자신을 단련하는 방법으로, 내가 들어본 자기 단련법 중 가장 강력하다. 레너드의 설명에 따르면 태권도에서 검은 띠를 따는 것처럼 최종 목표에 도달할 때까지 스스로 단련하며 점진적으로 발전해야 한다고 믿는 사람들이 많은데 실제로 성장은 느닷없이 폭발적으로 일어나는 경우가 많으며, 발전이라고는 전혀 없는 정체기가 오래 지속된다고 한다. 그는 대부분의 사람들이 갑작스러운 급성장에 중독되어 빠르게 성장하지 않으면 쉽게 좌절하고 단련하는 과정을 아예 포기해버린다고 지적했다. **성장의 열쇠는 다음 성장이 느닷없이 폭발적으로 일어날 수 있다는 점을 깨닫고 정체기를 만끽하는 법을 익히는 데 있다.**

그러므로 자신의 선택을 통제하고 가치관을 이해하고 헌신하며 정체기를 즐기는 법을 익히는 것이 중요하다. 상위 1퍼센트에 들어가 그 자리를 오래 유지하기 위해서는 이러한 단련 과정이 꼭 필요하다. 정체기는 '보람 있는 인생'이라는 경이로운 요리법에서 빠져서는 안 될 필수 재료다.

신중하게 위험을
감수하며 안전지대에서
벗어나라

2005년 화창한 어느 날, 로스앤젤레스에서 열린 마크 빅터 한센의 메가 스피킹 유니버시티 학회에 참석하게 되었다. 700여 명의 연사와 강사가 함께한 이 행사는 입장권이 매진될 정도로 큰 인기를 끌었다. 마크 빅터 한센은 전 세계적으로 8,000만 부 이상 판매된 베스트셀러 《영혼을 위한 닭고기 수프》의 공동 저자 중 한 명이다. 한센은 내게 이 행사의 연사가 되어 '나이팅게일 코넌트사의 오디오 베스트셀러를 만드는 방법'이라는 제목으로 강연을 해달라고 요청했다. 당시 나는 출판사 임원으로서 12년 넘게 강연가들과 함께 일하며 대학에서 수차례 강연을 진행해본 상태였다. 하지만 전문 강연가로서는 부족한 부분이 많았다. 물론 전문 강연가로 이루어진 패널의 일원이 되어 역시 전문 강연가로 이루어진 청중을 상대로 발표할 기회를 얻는 것은 영광스러운 일이었으나, 동시에 겸손한 마음이 들었다. 좀 더 솔직히 털어놓자면, 영광스러우면서도 겸손한 마음이 들었을 뿐 아니라 매우 두려웠다! 교회의 작은 행사에서 발표하거나 회사에서 마이크에 대고 말하는 일은 익숙했지만 온갖 비법과 요령을 이미 잘 알고 있는 전문가 집단을 상대로 강연하는 것은 차원이 다른 일이었다.

게다가 그게 다가 아니었다.

행사장에 도착한 후 강연 무대로 안내를 받았는데 그곳에 공연용 무대 조명과 음향 설비가 완비돼 있고 무대 양쪽에 두 개의 거대한 프로젝션 화면이 걸려 있는 광경을 보고 깜짝 놀랐다. 그곳은 단순한 강연장이 아니라 화려한 엔터테인먼트가 가미된 공연장에 가까운 곳이었다!

말로 표현할 수 없을 정도로 흥분됐지만 한편으로는 강연장에서 몰래 빠져나와 가방을 챙겨 호텔에서 체크아웃한 후 곧장 시카고행 비행기를 타고 집으로 돌아가고 싶었다. 머릿속에 온갖 걱정이 앞섰다.

'발표 내용을 잊어버리면 어떡하지? 자료 파일이 제대로 작동하지 않으면 어떡하지? 청중이 내가 하는 말을 제대로 듣기나 할까?'

마크 빅터 한센이 소개될 때도 이러한 걱정이 꼬리에 꼬리를 물며 내 의식을 흐리게 했다. 음악이 울려 퍼지고 조명이 번쩍이자 객석을 가득 채운 청중이 열광적인 환호를 보냈다. 지구상에서 가장 위대한 강연가로 손꼽히는 마크 빅터 한센이 바로 그 무대에서 있었다. 나도 그를 따라 저렇게 멋지게 연출해야 한단 말인가? 내 연설은 당장 내일로 잡혀 있었다.

날이 밝았다. 나는 호텔 방에서 이리저리 걸어다니며 수십 번도 넘게 연습했다. 내 마음속은 부정적인 생각으로 가득했다.

'난 농담을 잘하지 못하는데 어쩌지? 마크는 재밌는 농담을 많이 던지던데. 나도 농담을 많이 해야겠어. 세부적인 내용이 너무 많아 보여. 영감을 주는 이야기가 더 필요해. 발표 자료가 너무 간단해 보이진 않을까? 좀 더 화려한 효과를 넣어야겠어.'

내 심장은 세계적인 드러머 필 콜린스의 드럼 연주보다 더 빠르게 쿵쾅거렸다.

이제 발표까지 두 시간 남짓 남았다. 무언가를 바꾸기엔 시간이 부족했다. 내 마음은 이대로 모든 게 잘 될지 불안했다. 그러다 불현듯 내 몸과 마음이 안정과 평온에 휩싸였다. 나는 이 행사를 준비하기 위해 할 수 있는 노력을 다 기울였다. 훌륭한 오디오 프로그램을 제작하는 방법에 대해 내가 아는 모든 지식을 한 시간짜리 프레젠테이션에 쏟아부었고 어느 것도 빠짐없이 모조리 담아냈다. 나는 최선을 다해 준비했다. 그 순간 마음속에서 섬세한 목소리로 울려 퍼지는 신의 속삭임이 들렸다.

'댄, 넌 다른 사람을 따라하기보다는 가장 너답게 행동할 때 빛이 난단다. 최선을 다해 발표하되 진심을 담아 이야기하렴. 청중의 마음을 한번 사로잡아보는 거야!'

정신없이 뛰던 심장이 다시 안정을 찾았다. 억지로 짜낸 농담은 과감히 싹 지우기로 했다. 몇 가지 이야기를 끼워넣었지만 세부적인 내용은 유지했다. 청중이 내게 듣고 싶어 하는 것은 인상적인 오디오 프로그램을 만드는 방법에 대한 세부적인 내용이었다. 단지 겉핥기에 그친다면 그들에게 큰 실망만 안길 게 분명했다.

나는 무대 뒤 대기실에 앉아 내 이름이 불리길 기다리면서 그럭저럭 평온한 마음을 유지할 수 있었다. 얼마 지나지 않아 무대로 안내를 받았고 귀에 마이크를 부착했다. 커튼 너머에는 700명의 청중이 나를 기다리고 있었다. 나는 어째서인지 이곳에 처음 도착했던 때보다 훨씬 차분해졌고 현재에 집중할 수 있었다. 내 이름이 불리고 음악이 울려 퍼지자, 무대로 뛰어나갔다. 무대에 오르니 입이 자동으로 움직였고 원래 계획한 대로 발표를 해냈다. 간혹 식은땀을 흘리고 멍해지는 찰나도 있었지만 꿈에 그리던 청중에게 가치를 전달하는 데 집중하자 나 역시 앞서 많은 발표자가 경험했을 법한 놀라운 자신감을 느낄 수 있었다.

일반적으로 자신감은 자존감과 같이 반복적으로 긍정의 말을 내뱉는 확언, 머릿속에 원하는 모습을 그리는 시각화 그리고 태도 교정을 통해 기를 수 있다고 한다. 이 모든 기술은 분명 쓰임새가 있지만 정작 실천하지 않는다면 아무 소용이 없다. 이러한 기술들이 풍선에 채우는 헬륨 가스라고 한다면 '실천' 그 자체는 풍선 입구를 여닫는 조임쇠와 같다. 확언과 시각화, 태도 교정으로 얼마든지 자신감을 북돋을 수 있는데, 이때 조임쇠가 제대로 작동해야 한다. 조임쇠가 제 역할을 하지 못하면 풍선 속 헬륨 가스는 주입되자마자 밖으로 새어나오고, 결국 풍선은 부푼 상태를 오래 지속하지 못할 것이다.

최근 연구에 따르면 자존감은 '진정한 성취'와 심리학자들이 일컫는 '기본적 신뢰', 두 가지 요소에 가장 영향을 많이 받는 것으로 나타났다. 기본적 신뢰는 부모와 자녀가 유대 관계를 형성하는 초기 단계에 확립되지만 진정한 성취는 누구나 인생을 살아가면서 달성할 수 있다. 진정한 성취는 행동으로 실천하는 것을 가리키는 또 다른 말이다. **실제로 성취는 성공만을 의미하지 않는다. 성취는 결과를 내고 우리가 가장 두려워하는 일을 해내는 행동을 의미한다.**

마크 빅터 한센이 주최한 대규모 행사에서 내가 단독으로 강연을 할 수 있었던 배경에는 자신감이 있었다. 물론 내가 무대에 오르면서 스스로 확신이 생겨서 자신감을 얻었던 것은 아니었다. 나의 자신감은 '두려움을 마주하겠다는 의지'에서 비롯된 것이다. 좀 더 비유하자면 이제 막 수영하는 법을 배우려고 수영장에 처음 뛰어들었던 때, 또는 생애 처음으로 좋아하는 이성과 데이트를 했던 때를 떠올려보자. 행동에 나서기 전에는 초조함이나 불안이 엄습했지만 막상 행동하는 것은 생각보다 훨씬 수월하지 않았던가? 수영하는 법을 익히든, 좋아하는 이성에게 기쁨을 주든 자신감을 확립하는 가장 중요한 단계는 불안과 함께 살아가겠다는, 그 불안을 헤치고 앞으로 나아가겠다는 의지를 갖는 것으로 볼 수 있지 않을까?

19세기 미국에서 의학자이자 시인으로 명성을 떨쳤던 올리버

웬들 홈스 <small>Oliver Wendell Holmes</small>의 단순성에 대한 이야기는 자신감에도 적용해볼 수 있다. 그는 다음과 같이 말했다.

> 나는 복잡성 '이전의 단순성'에는 조금도 관심이 없다. 그러나 복잡성을 '넘어선 단순성'을 얻을 수 있다면 목숨이라도 내놓을 것이다.

이와 마찬가지로 나는 불안과 공포, 불편한 감정보다 앞서 나타나는 자신감이, 그러한 감정들을 넘어선 자신감 앞에선 무색하기 짝이 없다는 사실을 알게 되었다. 불안을 넘어선 자신감이야말로 진정한 자신감이다. 진정한 자신감은 진정으로 몸부림치며 행동하고 성취할 때 비로소 나타나며 완전한 만족을 선사한다. 그리고 그것은 풍선의 공기를 빼지도, 솟아나는 기운을 꺾지도 않는다.

상위 1퍼센트가 되고 싶다면 탁월한 능력을 발휘해야 한다. 탁월해지려면 남들과 다른 길을 가야 하고 신중하게 위험을 감수하며 안전지대에서 벗어나려는 의지가 필요하다. 복잡성을 넘어선 미지의 길로 향해야 한다. 그런데 이따금 방향을 잃지도 않고 딱히 불편함마저 느끼지 않는다면 현재 충분히 도전하는 삶을 살고 있지 않을 가능성이 높다. 새로운 단계로 자기 자신을 끌어올리지 못하고 있다는 뜻이다. 이제 평균의 시대는 끝났다는 것을 다시 한번 기억하자.

앞으로는 생각만 해도 덜컥 겁부터 나는 도전에 나서야 할 때, 불안과 두려움에 좌절하거나 포기해서는 안 된다. '여기, 성공을 향한 문이 열려 있구나' 하며 스스로 긍정의 말을 되뇌어보자. 그리고 무대로 뛰어나가면 된다. 인생 최고의 순간이 당신을 기다리고 있다.

신 대공황의 시대,
두려움을 다루는 자만이
부자가 된다

이번 장에서는 21세기에 접어들면서 인류에게 가장 중요한 난제가 된 '두려움을 극복하는 법'에 관해 이야기하려 한다.

1990년대는 미국 경제의 황금기라고 해도 과언이 아니다. 주식 시장은 연일 최고치를 경신했고, 고용률은 사상 최대치를 기록했으며, 정부 재정은 흑자로 전환되었고, 인터넷 같은 혁명적인 새로운 형태의 기술이 등장했다. 특히 1990년대 후반은 미국 현대사에서 가장 평화로운 시대였다.

하지만 상황은 급변했다. 비극적인 9·11 테러 이후, 미국 경제는 황금기를 지나 버블의 몰락을 경험했고, 2010년대 중반에는 소위 '테러의 시대'를 맞이했다. 1990년대의 치기 어린 호기심과 기대는 이제 노골적인 회의론까진 아니더라도 성숙한 현실 감각으로 바뀌었다. 미국은 문화적으로 주황색 경보를 울리며 좀처럼 경계 상태에서 벗어나지 못하는 듯했다. 자칫 방심하다 다시 테러 공격을 받지 않을까 두려워한 나머지 미래를 향해 과감한 조치를 단행하지 못한 것이다.

테러 공격은 문화뿐만 아니라 개인에게도 지대한 영향을 미쳤다. 우리가 안전지대에서 벗어나 인생의 중요한 성장 단계를 밟기 위해 고군분투할 때마다 두려움은 앞으로 나아가려는 우리의 시도를 가로막는 것처럼 보인다. 새로운 경영진 앞에서 발표를 하고, 생애 첫 마라톤 경기에 출전하고, 평생을 함께할 배우자와 결혼을 하고, 첫 아이를 낳는 등 살면서 겪는 다양한 일들은 흥분과 알 수 없는 두려움처럼 상반되는 감정을 동시에 불러일으킨다.

두려움을 극복하는 방법을 배우는 것은 개인에겐 그리 새롭지 않은 일이지만 문화적으로는 꽤 색다른 일이다. 사실 지금처럼 사람들이 현실을 외면하고 그저 생존하는 데 집중하는 것이 옳다고 느끼는 시대는 아마 인류 역사상 대공황을 제외하고는 없었을 것이다. 지금처럼 두려움을 극복하는 것이 절실한 시대는 없었다.

두려움을 극복하는 것은 개인적으로나 문화적으로 문제에 대한 해답이자 앞으로 일어날 문제에 대한 해결책이기도 하다. **상위 1퍼센트에 속하는 사람들은 두려움에 떨면서 시간을 흘려보내지 않는다. 그들은 해결책을 찾고 스스로 통제할 수 있는 분야에 집중하는 데 시간을 쏟는다.** 이러한 자세는 미국의 신학자 라인홀트 니버Reinhold Niebuhr가 쓴 〈평온을 비는 기도문〉Serenity Prayer에서도 잘 드러난다. 기도문에는 다음과 같은 내용이 실려 있다.

신이시여, 제가 바꿀 수 없는 것들을 받아들일 평온함을 주시고, 바꿀 수 있는 것들을 바꿀 용기를 주시고, 이 두 가지를 구별할 줄 아는 지혜를 주소서.

그렇다면 유명한 예수회 신부 존 파웰John Powell이 말하는 "온전히 인간적이고 온전히 살아 있는" 삶의 방식을 따라 가장 중요한 목표를 추구하며 희망과 자유를 얻고 온전히 확장된 삶을 살기 위해 두려움을 극복하는 방법을 찾는 사람들에겐 어떤 실용적인 조언을 해줄 수 있을까?

나는 이 주제를 연구하면서 두려움의 본질을 규정하고 두려움을 떨쳐내기 위한 해결책을 제시하는 몇 가지 유명한 격언을 발견했다. 다음 격언들을 되뇌어보자.

두려움은 실제처럼 보이는 거짓 증거다.

_작자 미상

어떤 것을 두려워하면 그것이 나를 지배한다.

_무어인 속담

두려움은 홀로 감당하고 용기는 다른 사람들과 나눠라.

_로버트 루이스 스티븐슨

인간에게 일어나는 일 가운데 불안에 떨 만큼 가치 있는 일은 없다.

_플라톤

위 격언들은 '적으로서의 두려움'에 관한 철학을 담고 있다. 두려움을 실체가 없거나 완전히 피해야 하는 대상, 즉 불필요한 것으로 바라본다.

나는 두려움에 대한 또 다른 격언도 발견했다. 다음 격언들을 살펴보자.

나는 내가 한 모든 일이 그만한 가치가 있었음을 나중에 깨달았다. 하지만 처음에는 무서워서 죽을 지경이었다.

_베티 벤더

두려워하는 것과 두려움이 당신의 꼬리를 움켜잡고 휘두르도록 놔두는 것은 별개의 문제다.

_캐서린 패터슨

두려워하는 일을 계속 하라. … 그것만이 두려움을 극복할 수 있는 가장 빠르고 확실한 방법이다.

_데일 카네기

두려움은 받아들이는 순간에 극복된다.

_작자 미상

위 격언들은 '친구로서의 두려움'에 관한 철학을 담고 있다. 두려움을 반드시 피해야 하는 대상이 아니라 정해진 범위 내에서 우리에게 영향을 미치고 교훈을 주는 대상으로 바라본다.

젊었을 때 나는 두려움은 '인생의 적'이라고 굳게 믿었다. 그래서 직장 생활을 하거나 살면서 경험하는 두려움을 실체가 없는 환상으로 치부하거나 의식적으로 머릿속에서 떨쳐내려 노력했다. 두려움을 그대로 방치하면 성공할 기회를 집어삼키는 독약을 곁에 두는 것이나 다름없다고 생각했다.

아이오와주 디모인에 사는 여자 친구의 부모님을 뵈러 갔을 때였다. 두려움이 내 의식을 파고들지 않도록 애써 억누르며 자동차를 끌고 시카고에서 디모인으로 향했던 기억이 아직도 생생하다. 나는 장장 일곱 시간 동안 운전하면서 첫 만남이 어떻게 흘러가면 좋을지 구체적으로 머릿속에 그려보았고 대화를 나누다 불편한 침묵이 흐르거나 여자 친구의 부모님이 꺼리는 표정을 짓는 등 당혹스러운 순간들은 상상조차 하지 않으려 애썼다.

다행히 여자 친구 부모님과의 만남은 별문제 없이 잘 넘어갔다. 하지만 나는 디모인에 머무는 내내 여자 친구의 부모님에게 좋은 인상을 남겨야겠다는 강박에 시달렸다. 솔직히 말하자면 두려움을 억누르는 데 급급한 나머지 내게 일어나는 일을 충만하게 경험하고 순간순간에 집중하며 살아갈 힘을 잃어버리고 말았다. 두려움이 어디에서 오는지 자세히 들여다보는 대신 두려움을 숨겨버

림으로써 배움을 얻을 기회를 스스로 박탈해버렸다. 나는 왜 나를 좋아하지 않는 사람에 대해 그리 신경을 썼을까? 왜 내 모습 그대로, 장단점을 자연스럽게 보여 주기보다는 좋은 모습을 준비해서 보여야겠다고 생각했을까?

세월이 흐르면서 나는 두려움을 인생의 '친구'로 여기기 시작했다. 특히 "두려움은 받아들이는 순간에 극복된다."는 말에 크게 공감했다. 일단 두려운 감정을 명확하게 밝히고 그것을 안고 살아갈 수 있다면 두려움이 미치는 부정적인 영향을 극복하는 방향으로 나아가게 된다.

두려움을 극복한다고 해서 인생의 교훈을 주는 두려움의 순기능까지 막겠다는 뜻은 아니다. 정확히 말하자면 우리가 진정으로 극복해야 하는 것은 우리의 발을 꽁꽁 묶어 성장할 기회를 가로막는 두려움의 영향력이다. 하지만 역설적으로 두려움의 영향력을 인정하지 않을 때 성장이 가로막힐 가능성이 크다.

〈뉴욕타임스〉 베스트셀러 작가 존 브래드쇼 John Bradshaw 는 중독을 주제로 쓴 그의 훌륭한 저서에서 이러한 생각을 매우 분명하게 밝혔다. 브래드쇼에 따르면 현재 이용할 수 있는 모든 기술을 동원해 두려움을 포함한 진정한 감정과 자아를 부정해도 그것들을 영영 사라지게 할 수는 없다. 오히려 "그러한 감정과 자아는 지하실에 갇힌 굶주린 개처럼" 상태가 계속 악화되다가 어느 날 느닷없이 격분하며 지하실 문을 부수고 나가듯 갑자기 마구 분출하게 된다고 지적한다.

나는 앞서 소개한 '두려움은 실제처럼 보이는 거짓 증거'라는 격언이 많은 자기계발서에 인용되지만 잘못된 철학을 바탕으로 두려움을 호도하고 있다고 생각한다. 우리가 두려워하는 일이 실제로는 전혀 발생하지 않더라도 우리에게 두려움의 감정은 여전히 내면에 존재하기 때문이다. 우리는 심장이 고동치고 손에 땀이 찰 때 마음 깊은 곳에서 두려움을 생생하게 느낄 수 있다. 그렇기에 두려움이 생기는 이유를 알고 그로부터 배워야 한다. 두려움을 통해 자기 자신을 갈고닦아야 하는 것이다.

'두려움으로 갈고닦는다'는 것은 무슨 뜻일까? 어떤 사람이 30여 년간 아주 멋지고 고풍스러운 BMW 한 대를 보유해왔다고 상상해보자. 이 자동차는 지금도 문제없이 잘 작동하지만 차체 곳곳에 오랜 세월에 걸쳐 긁힌 자국이 있고 선명한 검은색이었던 색은 칙칙한 잿빛이 되어 빛을 잃었다. 이제 이 자동차를 정비소에 맡기기로 했다. 자동차 내부와 외부를 청소하고 새 페인트로 긁힌 자국을 덧칠한 다음, 새 차처럼 빛나게 하는 광택제를 표면에 발라 마무리한다. 정비소에서 보수를 하고 나니 자동차는 마치 신형 BMW처럼 인상적이다. 이 차는 단종된 클래식 BMW 모델로서 특유의 개성을 잘 간직하면서도 새 차 같은 품질을 갖추었기 때문이다.

그에게 이 자동차는 여러 면에서 갓 출고된 새 차보다 훨씬 가치 있는 차가 될 것이다. 마찬가지로 우리는 인생에서 겪는 여러 부정적인 경험에 치이거나 약해지기 쉽고, 이에 따라 두려움이 서서히 우리의 잠재의식을 파고든다. 두려움이 의식을 지배하도록 두거나 두려움을 억지로 감추려 한다면 우리는 보수하기 힘든 클래식 자동차처럼 녹슬기 시작할 것이다. 그러나 용기를 내어 두려움을 받아들이고 분석한다면 마치 차체를 보존하고 다듬는 광택제처럼 우리를 최고의 상태로 오래도록 빛나게 해준다. 이것은 굴곡진 인생을 아직 겪어본 적도 없고 그저 열정만 넘치는 젊은이에게서 나오는 반짝임(혹은 아직 한 번도 도로를 달려본 적 없는 새 차의 반짝이는 광채)이 아니라, 자신의 두려움을 정면으로 마주하며 명료한 지혜와 자각을 갖춘 성숙한 어른에게서 비추는 깊은 빛을 가리킨다.

현재 두려움에 가로막혀 앞으로 나아가지 못하고 있다면 다음 방법들을 시도해보자. 이는 두려움을 회피하기 위한 것이 아니라 두려움을 이해하고 배움을 얻기 위한 것이다.

첫 번째, 두려움을 자연스레 흘려보내라. 두려움을 흐르는 물과 같다고 생각하자. 흐르는 물을 찾아 주시하되 댐을 세워 물을 가두지 말고 자연스레 흘러가도록 두자. 부정적인 감정으로 두려움에 얽매이지 않고 그저 흘러가는 모습을 지켜본다면 두려움에 매몰되지 않은 상태에서 상황을 명확하게 인식할 수 있다. 사람들

앞에서 발표하는 것이 무섭다면 다음에 해야 할 때는 이러한 자세로 임해보자. 마음속에서 떠오르는 두려움을 주시하고 크게 웃은 다음, 그것이 그대로 당신을 통과해 저 너머로 흘러가는 모습을 상상하자. 어떤 감정에도 얽매이지 않은 상태로 발표를 시작한다면 얼마 지나지 않아 당신의 의식을 지배하던 두려움이 사라질 것이다.

두 번째, 두려움을 인생 학교이자 교육 과정으로 대하라. 두려움이 고개를 들 때마다, 자신이 직접 설계한 대학에서 두려움이라는 교육 과정을 이수하고 있다고 상상해보자. 시험에 합격하려면 두려움을 극복하고 특정 목표를 달성해야 한다. 예컨대, 물을 무서워한다면 수영장의 깊은 구역에서 수영하는 것을 목표로 삼자. 그렇다면 기말시험은 물속에 뛰어들어 수영장 반대쪽까지 헤엄치는 것으로 하자. 두려움을 자신이 직접 설계한 인생 학교나 교육 과정처럼 여긴다면 이제 두려움은 주관적인 악몽이 아닌 객관적인 프로젝트가 된다.

세 번째, 멈추고 행동하고 생각하라. 두려움을 통해 배워야 하지만 그렇다고 해서 두려움에 지나치게 시간과 관심을 쏟아야 한다는 뜻은 아니다. 많은 사람들이 몇 시간, 며칠, 몇 개월도 모자라 심지어 수년에 걸쳐 두려움에 마음을 졸이며 두려움을 정복하려 애를 쓴다. 한동안 두려움 때문에 꼼짝도 하지 못했다면 그것을 정복할 유일한 방법은 바로 두려움에 떠는 자기 자신을 스스로 붙잡는 것이다. 손뼉을 치거나 가볍게 뺨을 두드리고 머리를 흔드는 등 여러 몸짓으로 두려운 생각과 마음을 멈춰보자. 그리고 두려워하는 일을 시작하자. 생각 회로는 두려워하는 행동을 하거나 그런 행동을 끝낸 후에 돌리면 된다.

나는 몇 년 전에 시카고 근교의 한 동네로 이사했을 때 위와 같은 기술을 시도했다. 이사한 지 몇 주가 흘렀지만 이웃 몇 명하고만 겨우 인사를 나눌 수 있었다. 이웃들은 모두 수년 동안 그 동네에 살면서 서로 끈끈한 정을 나누며 교류해왔기 때문에 새로 이사 온 우리 부부에겐 관심조차 없었다.

어느 날 뒷마당에서 잔디를 깎고 있는데, 건너편 집 현관에서 여덟 명 정도가 모여 마르가리타 칵테일을 홀짝이며 함께 크게 소리 내어 웃는 모습을 봤다. 나도 이웃들을 만나 친해지고 싶은 마음이 간절했지만 이런저런 생각이 떠오르면서 마음속에 두려움이 엄습했다.

'그들은 나를 만나고 싶지 않을 거야. 이미 친구들이 많은 데다 새로운 이웃에 관심조차 없잖아. 뭐라고 말을 걸어야 할까?'

나는 생각에 잠겼다. 바로 그때 신의 은총이라도 내린 걸까? 나는 망설임 없이 잔디깎이 기계를 끄고 잔디밭에서 놀고 있던 딸 키라를 안아 들고는 건너편 집을 향해 걸어갔다. 현관에 있던 사람들은 모두 숨죽인 채 나를 바라보았다.

'지금 내가 뭘 하고 있는 거지? 내가 미쳤지. 아무도 모르는데! 다들 이 남자는 누구냐고 생각할 텐데.'

머릿속에 온갖 생각들이 떠올랐지만 그래도 계속 걸어갔다. 아니나 다를까, 한 시간이 지났을 때 내 딸은 이웃 아이들과 어울리고 나는 이웃들과 농담을 나누며 마르가리타를 두 잔째 마시고 있었다. 나는 두려움에서 벗어날 방법을 고민할 필요가 없었다. 그렇지만 행동할 필요는 있었다.

네 번째, 두려움을 느낀다면 올바른 길로 나아가고 있다는 뜻이다. 두려움이 고개를 들 때마다 그중 95퍼센트의 경우는 일이 잘못 되어가고 있는 게 아니라 자신이 성장할 분야로 넘어가고 있다는 사실을 기억하자. 이런 경우, 대개 긍정적인 변화를 말한다. 두려움은 당신에게 노력이 필요하다고 알려준다. 연봉 인상을 요청하기가 두려워도 직접 담당자를 만나 원하는 것을 자신 있게 요청할 수 있도록 노력해야 한다. 결혼 생활을 하면서 겪는 문제에 대해 배우자에게 이야기하기 두렵다면 배우자가 거절할 가능성을 열어두고 문제를 정면으로 부딪쳐야 한다. 이 두 가지 사례는 인생에서 새로운 미지의 영역으로 넘어갈 때 두려움이 나타나며 긍정적인 변화라는 사실을 보여준다. 오히려 두려움을 느끼지 않는다면 전력을 다하지 않고 있다는 뜻이다.

다섯 번째, 처음에는 두려워하는 일의 80퍼센트만 시도하라. 갖은 방법을 써도 두려움이 극복되지 않는다면 일단 두려워하는 일을 멈추고 '일부'만 시도해보자. 나는 아들 제러미가 아주 어렸을 때 이 방법을 시도한 적이 있다. 제러미는 영화 〈슈렉〉을 본 이후로 어두운 영화관을 몹시 무서워했다. 영화 초반에 거대한 초록색 괴물이 화면에 불쑥 나타나자 제러미는 너무 놀라 팝콘을 던져버리고 영화관 밖으로 줄행랑쳤다. 그 이후 제러미는 오직 집에서만 마음 편히 영화를 볼 수 있었다. 영화를 좋아하는 누나인 키라가 영화관에서 새로 개봉한 영화를 보며 즐거운 시간을 보낼 때, 제러미는 집에 틀어박혀 있어야 하는 가혹한 운명에 처하게 된 것이다. 누나에게 지기 싫어하는 남동생에게 상상도 할 수 없는 일이 벌어진 셈이다. 이 일을 어떻게 해결해야 할까?

아내와 나는 제러미에게 영화관에서 꼭 앉아 있을 필요는 없다고 말해주었고 이 방법으로 아들은 두려움을 극복할 수 있었다. 영화관에 조명이 꺼지고 영화가 시작되었을 때, 나는 영화관 뒷문 쪽에 제러미와 함께 서 있었다. 언제든지 밖으로 나가거나 계속 뒤에 서 있거나, 원한다면 좌석에 앉을 수도 있었다. 첫 번째 영화를 볼 때 제러미는 영화 중반까지 뒷자리에 서 있더니 후반에는 좌석에 바짝 다가섰고, 엔딩 크레딧이 나오기 직전에는 마침내 좌석에 앉는 데 성공했다. 두 번째 영화를 볼 땐 영화 중반 즈음에 좌석에 앉았다. 세 번째 영화를 볼 땐 두려움을 까맣게 잊어버렸다.

어른들도 이 방법을 적용해볼 수 있다. 두려워하는 일의 일부만이라도 할 수 있다면 거의 모든 부정적인 감정을 제거할 수 있을 것이다. 두려움이라는 풍선에서 공기가 서서히 빠져나가면 마침내 두려움을 정복하는 여정의 90퍼센트 지점에 다다른 것이다.

앞서 말했듯, 대공황 이후 우리 사회에 지금처럼 두려움에 당당히 맞서고 다른 사람들에게 희망을 주는 롤 모델이 절실했던 시대는 없었다. 자신의 삶을 특별한 학교로 활용하여 두려움을 하나씩 마주하고 앞으로 나아가다보면 당신은 언젠가 공포의 시대를 넘어 희망의 시대로 사회를 이끄는 1퍼센트가 돼 있을 것이다.

✦ 제10장 ✦

부자의 아침 습관

한 시간 일찍 일어나
여유롭게 하루를
시작하라

몇 년 전, 나는 전설적인 강연가이자 작가로 유명한 켄 블랜차드와 협업할 기회를 얻었다. 블랜차드는 상위 1퍼센트의 습관, 능력, 자세를 고루 갖춘 모범적인 인물이다. 그는 역대 가장 많이 팔린 경영서 중 하나인 《1분 경영》의 공동 저자로, 내가 만난 사람들 중에서도 대단히 친절하고 출중한 재능을 지닌 인물이다.

나는 그와 함께 오디오 프로그램을 제작하는 동안 그가 노트 몇 장만 들고 녹음실에 들어가 별다른 실수 없이 즉석에서 30분 분량의 강연을 거침없이 해내는 모습을 보고 깜짝 놀랐다. 더 놀라운 사실은 꼬박 이틀 동안 녹음을 진행하는 고된 작업이었는데도 한결같은 태도를 보였다는 점이다. 최고의 작가들도 종일 냉기 가득한 녹음실에 틀어박혀 혼자서 말을 하다 보면 체력적으로나 정신적으로 힘들어서 쉽게 짜증을 내곤 한다. 하지만 그는 녹음하는 내내 유쾌한 웃음을 잃지 않았다.

녹음 첫날에는 오후 5시에 작업이 끝났는데, 그는 여전히 쌩쌩했고 밤새도록 일할 수 있을 것 같았다. 나는 그날 저녁 식사 자리에서 그에게 높은 집중력과 침착하고 평온한 태도를 유지하는 비결이 무엇인지 물었다 그는 깊은 기독교 신앙과 사랑하는 배우자

덕분이라고 말하면서 **매일 최고의 컨디션을 유지할 수 있게 해주는 한 가지 비법도 알려주었다. 그것은 바로 '하루를 천천히 시작한다'는 것이었다.**

블랜차드는 오늘날 너무도 많은 사람이 항상 서두르고 지나치게 계획적으로 살아간다고 말했다. 이는 거의 20년 전에 나눈 이야기라는 점에서, 그가 언급한 세상이 돌아가는 광기 어린 속도는 이제 새로운 차원에 진입했다고 추측해볼 수 있다. 하지만 그는 이러한 속도가 익숙하지 않다고 고백했다. 대단히 성공한 교육·개발 회사의 대표이자 베스트셀러 작가, 미국에서 큰 인기를 끌고 있는 강연가인 그의 빼곡한 일정표는 보기만 해도 아찔했다. 하지만 그는 '오전 7시 이전에 힘의 원천을 끌어올릴 수만 있으면 오전 7시 이후에 일어나는 모든 일을 감당할 수 있다'고 말했다.

나는 그의 말뜻을 분명하게 이해할 수 있었다. 다행히 나는 평생 아침형 인간으로 살아왔고 아침 일찍 일어나는 것을 좋아한다. 아침에 일찍 일어나면 새로운 날의 시작을 느끼고, 전날 고민에 빠지게 했던 모든 문제를 새롭고 긍정적인 시각으로 바라보고, 충만한 에너지를 발산할 수 있다.

물론 모든 사람이 나처럼 아침형 삶을 좋아하는 것은 아니다. 오전 9시까지는 무조건 잠을 자야 하는 사람들도 있다. 밤 12시, 내가 코를 골며 잠을 자는 동안에도 내 아내는 희미한 조명 아래에서 차분하게 잡지를 읽을 수 있는 '올빼미족'이다.

단언컨대, '하루를 천천히 시작하는 것'은 올빼미족에겐 강력한 필수 전략일 것이다. 올빼미족은 아침형 인간보다 그리 개운하지 못한 상태로 하루를 시작하기 쉽기 때문이다. 아직 생소하겠지만 아침에 일찍 일어나는 생활은 잠을 좀 더 자느라 뒤늦게 샤워하기 급급한 일상보다 당신에게 훨씬 더 많은 가치를 안겨주리라 확신한다. 하루를 천천히 시작하는 것은 정신력을 기르는 중요한 열쇠이자 특출난 재능이 나오는 원천이 된다는 사실을 알게 될 것이다. 이것은 상위 1퍼센트 부자들의 비밀 무기이기도 하다.

하루를 천천히 시작한다는 것은 정확히 무슨 뜻일까? 하루를 천천히 시작하기 위해서는 세 가지 요소가 필요하다. 이 세 가지 요소를 고려한다면 자신의 습관에 맞춰 아침 시간을 보낼 수 있다.

첫 번째, 하루의 시작을 준비하는 시점으로부터 최소 한 시간 전에 일어나야 한다. 두 시간 전이면 더 좋다. 이때 회사로 출근하거나 집에서 일을 시작하기 한 시간 전을 가리키는 것이 아니다. 아침 식사를 하고 샤워를 하고 옷을 갈아입는 등 그날 하루를 준비하기 위한 일상적인 활동에 돌입하기 한두 시간 전을 말한다.

두 번째, 일찍 일어난 후 '혼자만의 시간'을 가져야 한다. 물론 어린 자녀가 있는 경우, 아침 일찍 일어나 혼자만의 시간을 보내기는 말처럼 쉽지 않다. 하지만 나는 세 아이를 키우면서도 이러한 습관을 계속 이어갔다. 나도 그 시절을 직접 경험했기에 누구나 마음만 먹으면 아침에 시간을 낼 수 있다고 생각한다.

몸과 마음을 재충전하고 내면의 소리에 귀 기울일 수 있는 혼자만의 시간을 마련하는 것은 매우 중요하다. 이른 아침에 혼자만의 시간을 갖는다면, 그 후 다른 깨어 있는 시간에 자기만족을 얻을 뿐만 아니라 다른 사람들과 교류하고 그들을 도울 수 있다는 점에서 엄청난 이득을 얻을 것이다. 몸과 마음이 지치면 다른 사람들을 제대로 도와줄 수도 없다.

세 번째, 아침 시간의 일부라도 조용히 명상하는 데 써야 한다. 다시 말하지만 자신의 성격과 신념에 따라 기도나 명상을 하고, 일기를 쓰고, 해가 떠오를 무렵에 산책에 나서거나 그저 조용히 앉아 있는 등 여러 형태로 조용한 시간을 보낼 수 있다.

아침에 일어나자마자 최소 15분 동안 명상을 해보자. 이러한 시간이 왜 중요할까? 명상을 통해 마음을 가라앉히고 집중함으로써 그날의 분위기를 결정할 수 있기 때문이다. 꼭 한번 시도해보자. 명상이 일으키는 놀라운 변화를 경험할 것이다.

하루를 천천히 시작하기 위해 위 세 가지 요소를 실천한다면 자신의 흥미와 습관에 맞춰 아침 시간을 효과적으로 쓸 수 있다. 예를 들자면 나는 평일에는 오전 5시에 일어나고 주말에는 오전 6시에 일어난다. 이처럼 충분한 수면을 취하고 아침에 일찍 일어나려면 늦어도 밤 10시에는 잠자리에 들어야 한다. 이렇게 하면 다음 날 아침에 하루를 본격적으로 시작하기 두 시간 전에 쉽게 눈을 뜰 수 있다. 나는 아침에 일어나 커피를 내린다. 진한 커피 향이 집 안 가득 퍼지고, 15분 동안 조용히 기도하며 명상을 한다. 그 후 맑은 정신으로 좋아하는 신문과 잡지, 책을 읽는 데 집중한다. 예컨대 〈월스트리트저널〉, 〈뉴욕타임스〉, 지역 신문, 다양한 뉴스와 사설, 블로그, 비소설 부문 베스트셀러 등을 읽으며 시간을 보낸다. 그다음 간단하게 조깅을 마치고 집에 돌아오면 기분이 상쾌하고 기운이 날 뿐만 아니라, 새로운 하루를 맞이할 준비도 된다. 바로 이때부터 나는 아침 일과를 시작한다. 고등학생인 두 아이를 위해 도시락을 싸고, 아내를 깨워 출근시키고, 아침 식사를 하고, 샤워를 하는 등 하루를 본격적으로 시작하는 것이다.

하지만 이것은 그저 '나의' 일상일 뿐이다. 회사에서 인사 담당자로 일하는 아내는 아이디어를 떠올리거나 잠깐 산책을 하면서 그날 일정을 머릿속으로 정리하곤 한다. 각자 방식이 달라도 괜찮다. 중요한 건 가능한 한 스트레스가 적은 활동을 하면서 맑은 정신과 마음으로 새로운 하루를 맞이할 준비를 하는 것이다.

자신만의 방식으로 하루 일과를 천천히 시작하고 달라진 인생과 결과를 스스로 판단해보자. 내가 그랬듯이 당신도 천천히 시작하는 하루를 진정한 마음의 벗으로 여기게 될 것이다.

우선순위를 정해
에너지를 효율적으로
관리하라

어린 시절, 나는 '인디언 가이드'라는 프로그램을 통해 아버지와 함께 캠핑 여행을 떠나곤 했다. 인디언 가이드는 부모와 자녀가 함께 참여하는 YMCA 프로그램으로 보이스카우트 활동과 비슷하다. 나는 아버지와 함께 모형 로켓선을 만들고(대부분은 발사에 실패했다), 캠프파이어를 즐기며 노래하고, 물건 찾기 게임에 참여하고, 카누 경주를 하고, 텐트에서 잠을 잤다. 심지어 폭풍우가 몰아치는 최악의 날씨에도 프로그램 활동을 멈추지 않았다. 그중 가장 기억에 남는 활동은 매주 금요일 밤마다 구내식당에 모여 사람들과 영화를 즐기던 '영화의 밤'이다. 아버지와 나는 당대 큰 인기를 끌었던 영화를 직접 선정해 이 행사를 진행했다.

가장 반응이 좋았던 영화는 2인조 코미디언 로렐Laurel과 하디Hardy가 출연한 고전 영화 〈완벽한 하루〉The Perfect Day였다. 이 코미디 영화는 우스꽝스러운 사건만 연달아 일어나고 전혀 완벽하지 않은, 이상한 하루를 보여준다. 주인공 로렐과 하디는 연이어 실수를 연발한다. 진흙탕에 빠지고 서로 세게 부딪히더니 엉뚱한 곳에 떡 하니 등장하는 것도 모자라 나중에는 둘이 타던 자동차까지 말썽을 부린다. 로렐과 하디는 결국 지쳐 쓰러지고 항복하는 듯한 표정을 지으며 영화는 끝을 맺는다. 이 모든 이야기가 대사 없이 슬랩스틱으로 펼쳐지는데 로렐과 하디는 명성에 걸맞게 특유의 코미디 연기와 기가 막힌 호흡을 선보인다.

나는 이번 장에 쓸 최고의 성과에 대한 내용을 정리하기 위해 어린 시절의 기억을 되짚어보면서 우리가 얼마나 완벽한 하루를 갈망하는지에 대해 생각했다. 모든 일이 척척 맞아떨어지는 완벽한 하루를 보낸다면 마치 성공한 듯 기분이 좋아질 것이다. 다른 사람들과 상호 작용을 하면서 의사소통과 설득에 능숙해지는 법을 익히고, 직장에서 큰 거래를 성사시키고, 집에 돌아와 뒷마당에 펼쳐놓은 해먹에 누워 저녁노을을 즐기고, 밤이 되면 소중한 가족에게 좋은 꿈을 꾸라며 입을 맞춘다. 이렇게 땀 한 방울 흘리지 않고 모든 일을 해내며 완벽한 하루를 완성한다!

하지만 보통 사람들에게 이것은 그저 꿈일 뿐이다. 실제로 보내는 일상은 완벽과는 거리가 멀다. 목표는 아무리 노력해도 쉽게 이루어지지 않고 거래는 좀처럼 빠르게 성사되질 않는다. 일찍 일어나 운동할 여유도 없다. 특히 두 살배기 아이의 이가 나기 시작하면서 아침 일상은 더욱 바쁘게 돌아간다. 퇴근 후 배우자와 집에서 편안한 시간을 보내고 싶지만 일단 물이 새는 욕실 수도꼭지부터 손봐야 한다.

아마도 우리가 접하는 '완벽한 날'은 대개 오지와 해리엇(1950~1960년대 미국을 배경으로 제작된 장수 코미디 시트콤 〈오지와 해리엇의 모험〉The Adventures of Ozzie and Harriet에 나오는 주인공 부부의 이름으로, 주로 전형적이고 이상적인 미국 가정을 비유할 때 쓰이는 표현이다.—옮긴이)보다는 로렐과 하디가 보내는 일상에 더 가깝다.

우리는 이웃, 친구, 공인, 유명 인사 등 최고의 경지에 오른 사람들을 그저 멀리서 우러러보며 그들이 그다지 큰 노력을 기울이는 것 같지 않은데 어떻게 그 모든 일을 해내는지 궁금해 한다. 예를 들어, 이웃 친구 제인은 어떻게 회사에서 50명의 직원을 관리하고 세 아이를 키우며 철인 3종 경기를 치르는 것도 모자라 학부모 회의까지 참석할 수 있을까? 게다가 그녀는 마흔의 나이에도 여전히 서른 살처럼 보이는데 그 비결은 무엇일까? 토니 로빈스는 어떻게 책을 쓰고, 전 세계를 누비며 세미나를 개최하고, 수많은 기업 회장과 CEO에게 조언하는 것도 모자라 여러 기업체를 운영할 수 있을까? 과연 내가 이들의 발뒤꿈치라도 따라갈 수 있는 날이 오긴 할까?

우선 최고의 성과를 내려면 완벽해야 한다는 고정관념부터 떨쳐버리길 바란다. **상위 1퍼센트에 들기 위해 꼭 초인적인 힘을 발휘해야 하는 건 아니다.** 예컨대, 사람들은 앞서 언급한 가상의 이웃 제인이 직업을 바꾸고 싶어도 재정적인 문제가 얽혀 있어 그러지 못한다는 사실을 알지 못한다. 그녀는 아이들이 자라는 모습을 곁에서 자주 지켜보지 못해 안타까워하고 있다. 또 최근 들어 너무 많은 일을 벌인 탓에 남편 제프와의 관계가 소원해져서 이건치럼 다시 관계가 돈독해지길 간절히 바라고 있다.

그리고 토니 로빈스 같은 자기계발 분야의 유명 인사들, 내가 운 좋게 협업할 수 있었던 최상급 자기계발 전문가들에 대해 그리 잘 알려지지 않은 사실이 있다. 바로 그들도 일이 잘 풀리지 않는 하루를 보내야 할 때가 있고 노력이라는 대가를 치른다는 점이다. 그들은 빡빡한 일정을 소화하면서도 대중적인 이미지를 연출하기 위해 쉬지 않고 노력하느라 당연하게 여겨지는 일상의 소박한 즐거움과 균형 있는 삶을 누리지 못할 때가 많다.

'최고의 성과'와 '완벽' 그리고 '수월'이라는 단어는 같은 의미가 아니다. 사실 잠재력을 최대로 발휘할 방법을 논할 때, 완벽과 수월이라는 단어는 잘 어울리지 않는다. 인생의 어떤 분야든 최고의 성과를 달성하기 위해서는 노력이 필요하고 마땅한 대가를 치러야 한다. 핵심은 그 대가를 '의식적으로' 치르는 데 있다. 토니 로빈스와 상상 속 인물 제인은 때때로 불안에 사로잡히지만 노력 이외의 방법으로 삶을 이끌어가진 않는다. 그들은 불완전한 삶을 훌륭한 성과에 따른 필연적인 결과로 받아들인다.

이제 최고의 성과를 내는 열쇠가 완벽이라는 생각을 떨쳐버렸는가? 그렇다면 진짜 열쇠는 과연 무엇일까?

인생은 너무도 복잡하기에 무언가가 일어나는 이유를 단 한 가지로 딱 잘라 말할 수 없다. 하지만 나는 높은 성과를 내는 데 90퍼센트를 차지하는 요인이 존재한다고 믿는다. 바로 '에너지'다. 최고의 성과를 내는 사람들은 일반적으로 기운이 넘치고 자신의 에너지를 효과적이고 효율적으로 관리하는 방법을 알고 있다.

최고의 성과를 내는 사람들을 떠올려보자. 그들 중 기운이 없고 느긋한 유형이 얼마나 될까? 그런 유형의 사람들이 있긴 하지만 나는 극히 이례적인 경우라고 본다. 다만 '기운이 넘치는 유형'이라고 해서 반드시 '들썩이게 흥분하는 사람들'만을 가리키진 않는다. 내면에 활활 타오르는 에너지를 간직하고 있고, 그 에너지를 끌어올려 굉장한 수준의 집중력과 결단력, 의지력으로 활용할 줄 아는 사람들이 바로 기운이 넘치는 유형에 속한다. **최고의 성과는 '에너지 관리'에 달려 있다는 사실을 명심하자. 기운이 넘치는 사람들은 자기 자신을 장작으로 삼아 너무 빠르게 불태워버리는 바람에 최고의 성과를 유지할 능력을 헤치는 경우가 잦다.**

기운이 넘치는 유형에 딱 들어맞는 예는 매우 가까이에서 찾을 수 있는데, 바로 나다. 내 지인들은 나를 한시도 쉬지 않고 일하는 정력가로 여긴다. 자정에 잠들어 다음 날 새벽 4시 30분에 일어나 조깅을 한 후 직장에 나가고, 씩씩하게 퇴근하는 내 모습을 보고 아내는 혀를 내두르기도 했다. 다만 나는 폐렴으로 세 번이나 투병했고 오랫동안 불안증에 시달렸다. 아내는 이러한 증상이 내게 속도를 늦추라는 신의 뜻이라고 말했다. 다시 말하면 내게 에너지 관리에 주목하라는 신의 계시로도 볼 수 있었다. 덕분에 나는 내 인생에 몇 가지 변화를 일으킬 수 있었다. 매일 일곱 시간씩 잠을 자고, 일의 우선순위에 따라 헌신의 정도를 조절하고, 하루하루를 사는 데 집중하게 된 것이다. 그 결과 나는 에너지를 조금도 잃지 않고 그 어느 때보다도 차분하게 일에 집중할 수 있었다. 그리고 쉽게 지치거나 쓰러지지 않게 되었다.

에너지 관리는 야구팀의 훌륭한 투수에 비유할 수 있다. 투수들은 보통 5일에 한 번씩 경기를 뛴다. 투수가 아무리 훌륭하게 공을 던지더라도 감독은 그에게 경기를 마무리할 기회를 주지 않는다. 8회나 9회에 선발 투수를 대신할 다른 구원 투수가 투입된다. 왜 그럴까? 체력 관리가 매우 중요하기 때문이다. 연구에 따르면 투수들 중 대다수가 자신이 경기를 직접 끝낼 수 있다고 자평하지만, 보통은 투구 수가 100개를 넘어가는 시점부터 제구력이 상당히 떨어진다고 한다. 때문에 경기 전후로 휴식을 취하면서 최상의 팔 상태로 체력을 끌어올려야 하는 것이다.

그렇다면 우리는 에너지를 최고조로 높이고 관리하기 위해 무엇을 해야 할까? 나는 완벽한 하루라는 주제에 맞게 다가오는 내일을 위한 '할 일 목록' 작성을 추천하고 싶다. 멋진 성과를 내며 완벽한 하루를 만들고 싶다면 다음과 같이 행동해보자.

첫 번째, 하루를 천천히 시작하라. 이전 장에서 다루었지만 다시 한번 들여다볼 가치가 있다. 하루를 준비하기 최소 한 시간 전에 일어나서 책을 읽거나 명상을 하거나 가볍게 운동하는 데 시간을 쓰자. 이를 위해 조금 일찍 잠자리에 들어야 한다면 그렇게 하는 것이 좋다. 여유롭게 아침 시간을 보내면서 에너지 수준이 얼마나 달라지는지를 직접 경험해보자.

두 번째, 영양가 있는 아침 식사를 하라. 균형 잡힌 아침 식사를 규칙적으로 하는 사람들은 에너지와 건강 수준이 전반적으로 훨씬 높다는 연구 결과가 있다. 그들은 적절한 체중을 유지하고 아침 식사를 하지 않는 사람보다 혈압과 콜레스테롤이 낮은 편이다. 하루를 천천히 시작한다면 아침 식사를 할 시간을 충분히 마련할 수 있다!

세 번째, 가장 중요한 여섯 가지 일을 정해 우선순위 목록을 작성하라. 회사에 도착한 후 업무를 시작하기 전에 그날 처리해야할 가장 중요한 업무 여섯 가지를 정해 중요도 순으로 적어보자. 그리고 가장 중요한 첫 번째 업무부터 시작해 끝까지 완료하자. 일을 하다 보면 갑자기 회의가 잡히거나 예상하지 못한 사건이 발생하기 일쑤여서 매번 목록에 적은 일을 끝내지 못할 수도 있다. 그렇지만 우선순위를 정해두면 집중력을 높이고 생산성이 향상된다는 점에서 당신의 에너지를 관리하는 동시에 에너지 수준을 최고로 높이는 데 도움이 될 것이다. 우선순위 목록은 꼭 필요한 일에 집중하도록 도와주며 당신은 자신의 인생을 통제하는 만족감과 보람을 느낄 것이다.

네 번째, 15분 동안 명상과 기도를 하거나 낮잠을 자고 휴식을 취하라. 언제나 '깨어' 있을 수 있는 사람은 없다. 우선순위 목록에 담은 일을 하나씩 처리하는 사이에도 재충전이 필요하다. 정오무렵에는 15분 동안 명상이나 기도를 하거나 낮잠을 자도 좋다. 켄 블랜차드를 비롯하여 최고의 성과를 내는 사람들의 상당수는 낮잠을 잔다. 한번은 블랜차드를 시카고의 오헤어 공항까지 태워준 적이 있다. 내가 잠시 창밖을 보려고 고개를 돌렸을 때 그의 머리가 앞으로 불쑥 튀어나왔다. 나는 깜짝 놀라 그를 자세히 살펴보았다. 그는 공항까지 이동하는 10분 동안에도 잠시 잠을 자고 있었다. 공항에 도착하자 블랜차드는 곧장 잠에서 깨어나 내게 작별 인사를 했다. 정말 탁월한 에너지 관리 비법을 엿볼 수 있었다!

다섯 번째, 긍정적인 생각을 억지로 주입하지 마라. 항상 긍정적인 예측이나 생각을 유지해야 최고의 성과를 낼 수 있다고 믿는 사람들이 많다. 이는 자기계발 분야에서 큰 오해를 일으키는 잘못된 주장이다. 고故 폴 페어솔Paul Pearsall의 저서 《역설의 심리학》을 포함한 수많은 과학 연구에서도 밝혀졌듯 성공한 사람들은 항상 긍정적으로 생각하지 않는다. 주어진 상황이나 실제 감정을 무시하고 긍정적인 생각을 억지로 주입하는 데 에너지를 쏟으면 오히려 스트레스가 높아지고 감정적으로 큰 기복을 겪게 된다는 연구 결과가 있다. 에너지 관리의 핵심은 좋거나 나쁜 감정, 초조하거나 차분한 감정, 기쁘거나 우울한 감정을 느끼는 그대로 인식하고 흐르는 강물처럼 지나가도록 놔두는 것이다. 비생산적인 감정에 얽매이지 않는 것이 무엇보다 중요하다. 그렇다고 그런 감정을 피하기만 해서는 안 된다. 부정적인 감정도 삶에 긍정적인 변화를 불러일으키는 좋은 요인이 될 수 있다.

내일도 힘든 도전과 불편한 생각을 피할 길은 없을 것이다. 그러한 부정적인 감정을 경험하면서 배우고, 그로써 내면의 충만한 에너지를 유지하는 것은 당신이 마주해야 할 도전 과제다.

앞서 살펴본 완벽한 하루를 만드는 방법을 따른다면 그 어떤 불완전한 하루도 최고의 성과를 낼 기회로 바꿀 수 있을 것이다.

제12장

부자의 밸런스

변화에 유연하게
대처하되 자신의
신념을 지켜라

닷컴 버블이 한창이던 1998년, 미국의 백만장자 수는 연일 사상 최대 규모로 급증했다. 장부상 기업 가치는 아무리 못해도 실제 순이익만큼 평가되었고 실업률은 약 4퍼센트로 사상 최저 수준이었다. 이때 엔론Enron은 세계적으로 존경받고 대외적으로 수익성이 좋은 대형 에너지 기업으로 평가되었다. '자유 계약'Free agency이라는 근무 형태가 큰 주목을 받으면서 사람들은 스스로를 브랜드화했고 회사에 대한 충성도는 옛말이 되었다. 당시 출간된 금융 서적으로는 《퇴직연금 백만장자》The 401(k) Millionaire, 《장기 호황》The Long Boom, 《부의 패턴》 등이 있다.

베이비붐 세대는 손주들과 더 많은 시간을 보내거나 여행을 떠나고 비영리 단체에서 자원봉사를 하는 등 인생을 즐기기 위해 조기 은퇴를 계획했다. X세대는 서른이 되기 전에 부자가 될 계획을 세웠다. Y세대는 굳이 대학에 진학하는 대신 새로운 경제 영웅으로 떠오른 빌 게이츠와 스티브 잡스, 마이클 델처럼 당장 자기 사업을 시작해야 할지 고민했다. 당시 밀레니얼 세대는 아직 기저귀를 차는 어린아이들이었다.

걸프전이 신속하게 끝이 나면서 미국은 거의 8년 동안 평화와 번영을 누렸다. 앞으로 다가올 미래는 선명하게 그려졌다.

그러나 2003년이 되자 호황을 누리던 닷컴 기업들이 '닷컴 폭탄'이 되어 파산하기 시작했다. 백만장자 반열에 올랐던 수많은 사람들은 그들의 순자산이 눈 녹듯이 빠르게 줄어드는 모습을 지켜봐야 했다. 뉴욕 증권거래소 상장기업이었던 엔론은 비윤리적인 회계 부정이 발각되어 파산했다. 기업 가치는 진정한 순이익이라는 새로운 기준으로 책정되었고 기업에 이익을 가져다주지 못한 직원들은 일자리를 잃을 가능성이 커졌다. 회사에 대한 충성심이 되살아났고 자유 계약을 맺고 일하는 사람들은 '직장을 전전하는 유형'으로 여겨지며 인사 담당자들에게 환영받지 못했다. 당시 출간된 금융 서적으로는 《퇴직연금을 둘러싼 위대한 거짓말》The Great 401(k) Hoax, 《경기침체기 글로벌 투자전략》, 수지 오먼Suze Orman 의 《보수적인 투자 포트폴리오》Protection Portfolio 등이 있다.

베이비붐 세대는 은퇴 시기를 미루거나 완전히 은퇴할 날이 오지 않을 수도 있다는 현실을 직면했다. X세대는 연봉이 동결되었고 Y세대는 대학 등록금을 감당할 수 있을지, 졸업 후 일자리를 찾을 수 있을지 고민했다. 뉴욕 쌍둥이 빌딩이 무너졌고 이라크전쟁은 끝이 났다. 미래는 불확실해졌다. 부동산은 그나마 호황을 누리는 몇 안 되는 산업이었다.

2010년, 경제가 대침체에서 벗어나자 그동안 유일하게 호황을 누리던 부동산 산업이 몰락했다. 베이비붐 세대는 은퇴를 미루고 한창 일하기 바쁜 X세대는 첨단 자동화 기술과 디지털화가 밀려들면서 전례 없는 경제 대전환을 마주했다. Y세대는 살면서 여러 개의 직업을 가져야 하고 여러 분야에서 경력을 쌓아야 할 필요성을 깨닫기 시작했다.

그렇다면 밀레니얼 세대는 어떨까? 기저귀를 차던 어린아이들은 이제 스마트폰과 소셜 미디어를 사용하며 청소년기와 대학 시절을 보낸 '디지털 네이티브'digital natives로 성장했다. 그들은 디지털 기술에 너무도 익숙해서 가능한 모든 형태의 정보에 즉시 접근할 수 없는 세상을 상상조차 할 수 없다. 이것은 애플의 인공지능 프로그램 시리Siri가 시장에 출시되기 훨씬 이전에 일어난 현상이다.

위와 같이 개략적으로 설명한 2000년대 초반의 상황들이 모두 전개되기까지 50년도 채 걸리지 않았다. 앞서 살펴본 많은 변화를 직접 경험하며 살아왔지만 그러한 변화가 겨우 5~7년의 간격을 두고 연이어 빠른 속도로 일어났다는 사실은 아직도 믿기지 않는다.

지금까지는 다가올 미래를 비춰준 예고편에 불과하다. 미래 연구 잡지 《더 퓨처리스트》The Futurist는 대표적인 미래학자 레이 커즈와일Ray Kurzweil이 주장하는 '특이점'Singularity(기술이 발전을 거듭하다 결국에는 인간을 초월하여 새로운 문명인 초인공지능의 출현을 불러오는 시점—옮긴이)에 대한 전문 기사를 실었다. 이 기사는 변화가 매우 빠른 속도로 일어나고 있어 머지않은 미래인 2030년 무렵에는 미래를 제대로 예측할 수 없게 될 것이라고 내다보았다. 기사는 이런 미래에 성공하기 위해 갖춰야 할 중요한 기술(상위 1퍼센트에 들어가고 싶은 사람들이 개발해야 할 기술)은 즉각적으로 관점과 접근 방식을 전환할 수 있는 능력, 다시 말해 '궁극의 유연성'이라고 말하고 있다.

'이제 어떻게 해야 할까?'

너무도 많은 사람들이 사상 초유의 대전환에 혼란을 느끼며 이렇게 자문하는 것도 어찌 보면 당연한 일이다. 나는 기업가로서 급격히 달라진 고객들의 니즈를 알게 되었다. 고객들은 더 이상 우리 기업이 제공하는 제품과 서비스를 구매하지 않는다. '이제 어떻게 해야 할까?' 나는 그동안 다니던 주요 소프트웨어 기업에서 해고를 당했다. 기술 산업 분야에서는 사람을 뽑지 않고 있다. '이제 어떻게 해야 할까?' 은퇴한 지 5년이 지났고 내 퇴직연금 계좌 수익률은 50퍼센트나 하락했다. '이제 어떻게 해야 할까?' 가족이 늘어나 돈 들어갈 곳이 많아졌고 내 인생에서 지금이 한창 일할 시기이지만 내 월급은 2년 넘게 제자리다. '이제 어떻게 해야 할까?'

위와 같은 고민들은 지극히 타당한 의문이며 단기적으로 해결책을 구하기도 어렵다. 하지만 장기적으로 당신의 현재와 미래에 도움이 될 만한 답은 있다.

지금 당장 해야 할 일은 당신의 뿌리를 개발하고 육성하는 것이다.

여기서 '뿌리'란 정확히 무슨 뜻일까? 뿌리는 절대 변하지 않는 강력한 기본 원칙과 실천을 의미한다. 예측할 수 없는 격변의 시대에 자양분이 되어 당신의 성장을 도울 것이다. 스티븐 코비는 《성공하는 사람들의 7가지 습관》에서 이렇게 말했다.

당신의 내면 깊은 곳에 절대 변하지 않는 부분이 있다면 인생에서 외적으로 벌어지는 변화를 완전히 통달할 수 있겠지만 내면 깊은 곳에서 끊임없이 변한다면 당신은 변화의 파도에 휩쓸려 허우적거릴 것이다.

다시 말해, **변화의 바람이 불거나 때로는 강력한 허리케인이 닥쳐 당신을 뒤흔들고 파괴할 때, 마치 떡갈나무처럼 당신에게 자양분을 계속 공급해줄 뿌리가 필요하다. 변화에 유연하게 대처하되 자신의 신념이 되는 뿌리는 단단하게 유지해야 한다는 것이다.**

다음 세 가지 뿌리는 그 어떤 경제적, 사회적, 문화적 환경에서도 흔들리지 않고 확고한 위치를 유지하고 자양분을 공급받을 수 있도록 도와줄 것이다.

첫 번째, 가족, 친구들과 긴밀한 네트워크를 형성하라. 경제적으로 어려운 시기에 정리 해고를 당하거나 사업을 접은 사람들은 잊기 쉬운 진리 하나를 뒤늦게 깨닫는다. 바로 '일은 어디까지나 일'이라는 점이다. 일은 본질적으로 가족, 정체성, 사회생활과 같을 수 없다. 기업이 효과적으로 경쟁하기 위해 직원들과 기업가들에게 무리하게 헌신을 요구한 탓에 사람들은 일하는 데 너무 많은 시간을 쏟아부었고 시간이 흐르면서 서서히 이 진리를 잊고 말았다.

배우자와 자녀, 가족 간 유대감과 친한 친구들과의 우정은 정기적으로 관리해야 한다. 모든 것이 급변하는 세상에서 우리가 사랑하고 아끼는 사람들은 삶에서 절대 변하지 않을 부분이다. 우리가 인생에서 커다란 목표를 향해 나아갈 때, 그들은 기꺼이 우리의 고민을 들어주고 힘을 북돋아줄 뿐만 아니라 단순한 금전적인 거래를 넘어 훨씬 의미 있는 방식으로 그들의 삶에 기여할 기회를 우리에게 제공한다.

안타깝게도 기업과 시장 같은 공적인 영역에서 더 많은 노동과 헌신을 요구할 때, 이러한 사적인 영역은 가장 먼저 방치하기 쉽다. 소중한 사람들과 시간을 보내기 위해서는 공적인 영역을 통제할 창의적인 방법을 찾아야 한다.

두 번째, 영적인 믿음을 연구하고 실천하라. 세상에는 천주교, 개신교, 유대교, 불교, 이슬람교, 힌두교, 도교 등 수많은 종교가 있다. 종교 전문가들에 따르면, 지구상에는 주요 종교 외에도 1,000여 개의 소규모 종교와 철학 체계가 있다고 한다. 신의 존재나 신에 대한 전통적인 개념을 믿지 않는 사람들도 인본주의 같은 철학적인 종교를 따를 수 있다.

문화적으로 다양한 종교 활동이 등장하면서 우리는 인간의 중요한 욕구를 맞닥뜨리게 되었다. 믿음의 욕구는 수렵을 시작으로 농경과 산업, 정보 경제에 이르기까지 수천 년 동안 이어져 내려왔다. 안타깝게도 이러한 욕구는 많은 사람들에게 다소 무시되거나 별다른 관심을 받지 못한다. 사람들은 보통 일주일에 한 번 예배를 보거나 기도문을 외거나 친구들과 이야기할 때 영적인 신념을 밝힌다. 반면 영적인 믿음을 진지하게 연구하고 매일 의식적으로 실천함으로써 내면 깊은 곳에서 자신의 영적인 삶을 통합하는 사람은 드물다.

M. 스콧 펙M. Scott Peck이 자신의 저서 《아직도 가야 할 길》에서 밝혔듯이, 신에 대한 정의와 신의 존재에 대한 믿음 여부와 상관없이 모든 사람은 종교를 갖고 있다. 좀 더 의식적으로 자신의 종교를 자주 연구하고 매일 아침에 일어나 종교 활동과 관련된 의식을 실천하자. 예배를 올리는 장소나 단체에서 진행하는 종교 활동과 자원봉사에도 적극적으로 참여하고, 종교적인 믿음이 내면에 깊이 뿌리 내릴 수 있도록 하자. 이러한 뿌리는 내면 깊은 곳에서 속세를 초월한 사명을 다하도록 당신에게 영감을 주고 목표를 향

해 나아갈 원동력을 제공할 것이다. 무엇보다도 심각한 고통이나 혼란으로 인해 당신 스스로 존재의 의미에 의문을 품게 되었을 때 단단한 뿌리가 당신을 지탱해줄 것이다.

세 번째, 여러 방식으로 경력을 쌓아라. 베스트셀러 작가이자 강연가인 로버트 앨런Robert Allen은 대단한 인기를 끈 나이팅게일 코넌트사 오디오 프로그램《여러 가지 소득 흐름》Multiple Streams of Income에서 상위 1퍼센트의 새로운 자산 관리 방법을 알려주었다. 상위 1퍼센트는 불로소득을 우선으로 다양한 소득원을 확보하며, 이때 한두 가지 소득 흐름이 줄어들거나 없어지더라도 나머지 다른 소득 흐름이 계속 이어지도록 만든다.

미래학자들이 주장하는 '특이점'이 아직 먼 미래의 일이라 할지라도 우리가 내년에 마주하게 될 변화는 분명 지금 마주하고 있는 변화보다 훨씬 더 파격적일 것이다. 그러한 상황에선 어떤 직업이나 사업도 더욱 취약해지기 마련이다. 단순히 '없어서는 안 될 존재'가 되거나 '경쟁에서 한발 앞서 나가기' 위해 싸우기보다는 잠재적으로 소득을 창출할 사업들로 구성된 여러 개의 바구니에 달걀을 넣는 것이 중요하다. 예를 들어, 취미를 부업으로 바꾸거나 부동산을 매입하여 임대 수입을 얻을 수 있다. 또는 간단하고 효과적인 네트워킹을 통해 직무 잠재력을 유지할 수도 있다. 이렇듯 현재 직업이 경제적으로 어려운 상황에 처할 경우를 대비하여 여러 방식으로 전문성을 개발한다면 점차 새롭게 떠오르는 직업에 안착할 수도 있을 것이다.

앞서 살펴본 세 가지 방법과 생각을 마음에 깊이 새겨두자. 이러한 생각을 일상생활과 사고방식, 행동으로 옮길 수 있도록 적어도 한 달 정도는 가능한 모든 노력을 기울이자. 내면 깊숙이 뿌리가 내린다면 아무리 변화의 바람이 거세게 불어도 당신을 흔들거나 꺾지 못한다. 이제 당신은 변화에 유연하게 대처하고 떠오르는 태양을 당당하게 마주할 수 있을 것이다.

제13장

부자의 기업가 정신

....

기업가의 관점으로
진정한 가치를 창출하라

2001년 9월 11일은 국경을 초월해 모두에게 절대 잊을 수 없는 사상 최악의 테러 사건이 발생한 날이다. 9·11 테러 이후 미국과 세계 각국은 수많은 난제에 직면했다. 1990년대는 그에 비하면 행복과 번영의 시대로 여겨질 정도였다.

2001년과 달리 2005년 미국이 겪은 시련을 기억하는 이는 그리 많지 않다. 2005년에는 용감하고 헌신적인 군인들이 이라크로 건너가 끝이 보이지 않는 폭동과 내란을 막아냈다. 미국 역사상 최대의 자연재해로 기록된 허리케인 카트리나가 뉴올리언스를 강타하면서 미시시피주와 플로리다주의 여러 도시와 교외, 시골 지역이 모두 쑥대밭이 되었다. 유가와 천연가스 가격이 급등했고, 주식 시장에선 한없이 정체된 분위기가 이어졌으며, 조류 인플루엔자를 둘러싼 온갖 추측과 경고가 난무했다.

2008년이 되자 증시는 더 이상 보합세를 유지하지 못한 채 폭락하고 말았다. 부동산 가격은 곤두박질쳤고 압류되는 물건의 수도 폭발적으로 늘어났다. 소비 심리는 사상 최저치로 떨어졌다. 기업들은 계속해서 현 시대의 커다란 역설에 대처해야 했다. 글로벌 경쟁력을 유지하려면 사실상 아웃소싱이 필수였지만 아웃소싱은 개개인의 직무 경력은 물론, 미래 경쟁력까지 위협했다.

나는 이러한 온갖 난제에도 미래에 대해 낙관하는 편이다. 당신도 낙관적인 자세를 잃지 않기를 바란다. 여러 정치인, 경제학자, 특수 이익 집단 그리고 논평 TV 프로그램의 출연진 등이 불평만 늘어놓고 상대에게 책임을 돌리고 변명하느라 바쁜 모습을 보이면 사람들은 국가가 경쟁력을 잃고 혼란에 빠질 위기에 처해 있다고 여기기 쉽다. 그럼에도 불구하고 내가 미래를 낙관하는 이유는 우리의 미래를 이끌어갈 '기업가'라는 사회 계층이 존재하기 때문이다.

미국의 베스트셀러 사전《메리엄 웹스터 사전》은 기업가를 "사업이나 기업의 리스크를 대비하고 관리하고 책임지는 사람"으로 정의했다. 이보다 훨씬 복잡하게 정의하는 경우도 많다. 성공한 기업가이자《저위험 고수익: 최소한의 리스크로 소규모 사업을 시작하고 성장시키는 방법》Low Risk, High Reward: Starting and Growing Your Small Business with Minimal Risk의 저자 밥 라이스Bob Reiss는 기업가 정신을 이렇게 정의했다.

기업가 정신은 현재 자신이 통제하고 있는 자원과 관계없이 성공할 수 있다는 자신감, 필요에 따라 방향을 바꿀 수 있는 유연성, 좌절을 딛고 재도약할 수 있는 의지를 가지고 기회를 포착하고 추구하는 사고와 행위를 말한다.

코스피 3000 시대, 주식 공부로 부자 되는 연습을 하라!

투자 용어부터 주식시장 제도 변화까지
한 권으로 끝내는 주식투자 백과사전!

**연수익률 100% 샌드타이거샤크가 알려주는
10단계 종목분석법!**

《주식 공부 5일 완성》이 한층 더 가성비 높게 업그레이드한 2021년 최신개정판으로 돌아왔다. 스토리텔링으로 배우는 투자 용어, 종목 고르는 비법과 매매 원칙, 경제신문에서 호재 & 악재 선별법, 투자 시 주의해야 할 이슈까지 5일 주식 공부로 주식 고수의 반열에 올라 있는 자신을 발견할 것이다.

《주식 공주 5일 완성》(2021년 최신개정판)
박민수(샌드타이거샤크) 지음 | 값 18,000원

8천만 원 종잣돈으로 124배의 수익을 올린 주식투자의 비밀!

"투자 원칙을 지켰을 뿐인데
자산이 100억으로 늘었다!"

**수만 명의 개미투자자들이 찾는 가치투자의 고수
'선물주는산타'의 주식투자 절대 원칙!**

500% 이상의 주가 상승을 예측해 네이버 종목토론방의 성지가 된 '선물주는산타'가 알려주는 투자 원칙. 가치투자의 기본 논리에 충실히 따르면서도 저자만의 철학을 녹여낸 투자 원칙들은 직장인을 비롯한 개인투자자들이 따라 하기 쉽고 불안한 증시에서도 절대 수익을 얻는 주식투자의 나침반이 되어준다.

선물주는산타의 주식투자 시크릿
선물주는산타 지음 | 값 16,000원

위 정의에서 사용된 단어 중에서 대비, 관리, 리스크, 추구, 자신감, 재도약 등을 살펴보자. 이 단어들은 수동적인 자세를 나타내지 않는다. 모두 적극적인 분위기를 내포하고 있다.

실제로 앞서 언급된 두 정의를 단순화시켜보면 기업가란 '문제를 해결함으로써 자신의 삶과 다른 사람들의 삶을 풍요롭게 하는 사람'으로 정의할 수 있다. 기업가들은 우리에게 골칫거리인 문제들을 해결하기 위해 열심히 방법을 찾아 생계를 꾸려나가므로 우리가 앞서 논한 난제들에 잘 대처할 뿐만 아니라 제대로 해결할 거라고 장담한다.

이라크에서 민주적인 선거가 치러졌을 때, 용맹한 군인들을 제외하고 서둘러 이라크로 넘어가 사업을 시작하여 새로운 기회를 연 사람들은 바로 기업가들이었다. 그들의 노력이 없었다면 이라크에서 민주주의가 장기적으로 지속될 가능성은 희박했을 것이다.

미국 전역에서 많은 사람들이 허리케인으로 피해를 입은 뉴올리언스 이재민들을 돕기 위해 자원봉사에 참여했지만 도시를 재건하고 새로운 사업을 시작하고, 궁극적으로 피해 지역을 다시 사람들이 살 수 있고 일하고 싶은 곳으로 복구하는 데 큰 공헌을 한 사람들 역시 기업가들이었다.

전 세계 기업가들은 현재 원유 의존도를 대폭 낮출 새로운 신재생 에너지원을 찾고 있다. 또한 기업가들은 바이러스로부터 인간을 보호하기 위해 백신 개발에 힘쓰고 있다. 한편 국가 경쟁력을 유지하고 글로벌 경제 환경에서 도전 과제에 적절히 대처할 수 있도록 새로운 대체 교육을 제공하기 위해 노력하는 기업가들도 있다. 많은 기업가들이 이러한 노력으로 부자의 반열에 오를 것이다. 그중에서도 진정성을 내세우는 기업가들은 수백만 명의 사람들에게 도움을 줄 것이다.

기업가가 되는 것을 고려해야 하는 이유로는 이처럼 대규모 거시경제적 이득뿐만 아니라 미시경제적 요인도 있다. 첫째, 기업 규모를 축소하는 다운사이징downsizing은 이미 대세가 되었고 아웃소싱은 당분간 계속 증가할 것이므로 우리에겐 다음 두 가지 선택지밖에 없다. 회사를 그만두고 기업가가 되거나 기업가의 기술을 직장에 적용하는 것이다.

곧 기업가의 기술 또는 결정에 대해 논할 테지만 **우리에게 기업가가 되는 것 말고 제3의 선택지는 없다. '승진의 사다리'가 사라졌기 때문이다. 현실이든 정신적 패러다임이든 기업가 정신은 경제적 안정을 얻기 위한 유일한 길이다.**

지금처럼 24시간 바쁘게 돌아가는 세상에서 삶의 균형을 유지하려면 업무 일정을 잘 관리하는 것이 중요하다. 역설적이게도 내 기업가 친구 중 상당수는 여느 직장인들보다 훨씬 유연하고 균형 잡힌 삶을 살고 있다. 기업가들은 업무를 지시하는 상사가 없기에 스스로 계획을 세우고 실천한다.

'기업가적인 삶'은 당신이 좋아하는 일을 하면서 먹고살 수 있는 길이 있음을 보여준다. 내가 만나본 기업가 중 자신의 일을 싫어하고 다시 직장 생활로 돌아가기를 갈망하는 기업가는 거의 없었다. 그들 대부분은 위험을 무릅쓰고 자신의 재능과 열정을 내세워 개인 사업을 시작했고 정보와 지식을 총동원해 수익성 높은 사업 계획을 세웠다.

〈뉴욕타임스〉 칼럼니스트 토머스 프리드먼Thomas Friedman은 그의 저서 《세계는 평평하다》에서 글로벌 경제에 새롭게 떠오르는 기업가 유형인 '사회의식이 있는 기업가'에 대해 논했다. 앞서 설명한 내용과 마찬가지로, 사회의식이 있는 기업가란 경제, 건강, 사회와 관련된 병폐를 해결하기 위해 기업가적인 기술을 발휘하며 자신이 좋아하는 일을 하는 기업가들을 말한다.

기업가를 다룬 수많은 책에서 기업가들이 가장 후회하는 것으로 꼽은 건 '시도조차 해보지 않은 일'들이었다. 창업을 후회한 기업가는 극히 드물다. 사업에 실패하고 다시 직장으로 돌아간 기업가들도 자신의 선택을 후회하지 않는다.

대부분의 기업가들은 나의 친구인 돈과 같은 경험을 한다. 돈은 첫 사업을 하다 실패한 후, 몇 년 동안 다시 회사에 들어가 일했다. 그는 첫 번째 실패로 얻은 교훈과 사업 경험을 바탕으로, 다시 한번 사업에 뛰어들었다. 그로부터 14년 후, 그는 마침내 큰 성공을 거두었다.

지금쯤 당신의 머릿속에는 다음 세 가지 질문이 빙빙 맴돌지도 모른다.

'나는 기업가가 아니다. 기업가가 되려면 어떻게 해야 할까?'
'나는 기업가이지만 성공하지 못했다. 기업가로서 이 책에서 논하는 이득은 하나도 얻지 못하고 있는데 왜 그럴까?'
'개인적인 사정과 다른 여러 가지 이유로 나는 기업가가 되지 않을 것이다. 이번 장에 제시된 여러 의견은 내게 어떤 도움이 될 것인가?'

세 가지 질문 중 하나라도 해당된다면 이번 장을 잘 활용할 수 있을 것이다.

내가 가장 좋아하는 저자이자 코치 그리고 기업가 정신에 대한 철학이 있는 인물 중 한 명인 댄 설리번이 제시한 몇 가지 개념을 소개하겠다. 그는 전 세계 기업가들을 위한 평생 교육기관인 더 스트레티직 코치The Strategic Coach의 회장인 동시에 오디오 프로그램 《진정한 천재》Pure Genius와 베스트셀러에 오른 《성장하는 인생의 법칙》The Laws of Life Growth의 저자다. 설리번이 제시한 아이디어들은 내 삶에 큰 영향을 주었다. 사실 그는 내게 인스파이어 프로덕션을 설립하여 기업가의 길을 걸어보라고 제안한 장본인이기도 하다.

설리번에 따르면 누구나 '두 가지 기업가적인 결심'을 하면 기업가 또는 기업의 테두리 안에 머물면서 직원으로서 기업가적인 사고방식을 갖춘 '인트라프러너'intra-preneur(기업가를 뜻하는 'entrepre-neur'에 내부를 뜻하는 'intra'를 더한 신조어 — 옮긴이)가 될 수 있다. 그는 당신이 이 두 가지 결심을 한 후 그에 따라 행동한다면 이미 기업가로 거듭난 셈이라고 단언한다. 그 두 가지 결심은 다음과 같다.

1. 나는 경제적 안정을 찾기 위해 전적으로 내 능력에 기댈 것이다.
2. 나는 타인에게 유용한 가치를 창출하기 전까진 어떤 행운도 기대하지 않을 것이다.

이 두 가지 결심을 마음에 새긴다면 세상을 바라보는 관점을 완전히 바꿀 수 있다. 당신이 이러한 결심을 하고 그에 따라 행동한다면 어떤 사업을 선택하든, 어떤 회사에서 일하든 성공 기반을 다질 수 있을 것이다.

자기 자신에게 솔직하자. 현재 개인 사업을 하고 있다면 정말 진심을 담아 이 두 가지 결심을 했는지 생각해보자. 아직도 직업처럼 자신의 사업을 다루며 '열심히 일하는 것'만으로 수입을 얻을 수 있다고 생각하고 있지 않은가? 당신이 제공하는 제품이나 서비스가 시장에서 타인에게 유용한 진정한 가치를 창출하고 있는가? 당신의 제품이나 서비스는 차별화되었는가? 아니면 고객의 마음을 사로잡지 못하는 수백여 개의 물건 중 하나에 불과한가?

처음으로 이러한 두 가지 결심을 한 상황이라면, 좀 더 진심을 담아 깊이 고민해보라. 당신이 줄곧 찾고 있던 답을 비로소 찾고 지금 하고 있는 사업에서 더 큰 성공을 거둘 수 있을 것이다.

마지막으로, 기업가가 되지 않고 회사에 다니며 이러한 결심을 적용하는 방법도 있다. 얼마나 많은 직장인이 경제적 안정을 찾기 위해 진정으로 자신의 능력에 기댈까? 또 얼마나 많은 직장인이 자신의 직무에 쏟아붓는 노력과 창의적인 생각을 고려하지 않은 채 그저 월급을 받는 데 만족할까? 회사에서 올린 성과에 따라 급여의 50퍼센트 이상을 추가로 보상받으려면 연봉 조건을 어떻게 조정해야 할까? 어떻게 다른 동료들과 차별화하여 임원의 자리에 앉을 수 있을까? 어떻게 경제적으로 차원이 다른 수준의 성공을 이룰 수 있을까? 어떻게 직무에 대한 욕망과 열정에 다시 불을 붙일 수 있을까? 어떻게 하면 주어진 직무를 넘어 회사에 가치를 더할 방법을 찾을 수 있을까?

이러한 기업가적인 관점으로 고민하고 결정에 참여한다면 직장을 다니면서도 얼마든지 기업가로 거듭날 수 있다. 선택은 당신의 몫이다. 그리고 이러한 선택이야말로 21세기에 누릴 수 있는 유일한 보상이라는 점을 기억하자.

이 두 가지 기업가적인 관점에서 결심을 하고 행동한다면 타인을 착취하지 않고도 인류의 문제를 해결함으로써 생계를 유지하고 더 나아가 상위 1퍼센트의 대열에 합류할 수 있다.

제14장

부자의 일

당신이 진정으로
원하는 직업을 가져라

상위 1퍼센트라는 성공의 정점에 도달하는 것은 이 책에서 명시한 목표이지만 나는 이것이 독자들에게도 목표가 되길 바란다. 물론 부차적인 목표는 자신이 꿈꾸는 직업을 수단으로 삼아 상위 1퍼센트에 들어가는 것이다. 실제로 자신이 좋아하는 일을 직업으로 삼는 것이 성공하는 가장 좋은 방법이다. 공자도 "좋아하는 직업을 택한다면 평생 하루도 일할 필요가 없다."라고 말했다.

대부분의 사람들은 진로를 준비하며 이상적인 직업을 머릿속에 그리곤 한다. 다만 안타깝게도 꿈에 그리던 집과 자동차, 배우자나 생활 방식처럼 꿈의 직업도 '저기 어딘가에서 찾아야 할 것'처럼 생각하곤 한다. 꿈의 직업을 실제로 이룰 수 있는 목표로 보는 경우는 드물다. 꿈의 직업은 프로 운동선수나 유명 배우, 방송인과 같이 소수의 선택된 사람들만을 위한 것이며 일반인은 쉽게 얻을 수 없다고 단정하기도 한다.

그러나 이는 사실이 아니다. 꿈의 직업은 그리 멀지 않은 곳에 있다. 이번 장에서는 현재 갖고 있는 직업이나 미래의 직업을 꿈의 직업으로 전환하는 데 적용해볼 수 있는 몇 가지 아이디어를 제안하려고 한다 혹시 〈셀러브리티 어프렌티스〉(미국 NBC의 TV

리얼리티 쇼 프로그램으로, 핵심 출연자였던 도널드 트럼프의 "넌 해고야." You're fired라는 독설이 큰 인기를 끌었다.─옮긴이) 같은 프로그램에 출연해야만 꿈의 직업을 얻을 수 있다고 믿는가? 나는 이처럼 순전히 운에 기대려는 당신의 사고방식을 바꿔놓을 것이다. 그리고 당신만의 리얼리티 쇼, 이른바 '드림 캐처'The Dream Catcher에서 당신을 화려하게 빛나는 주인공으로 만들어줄 것이다. 이제부터 제안할 접근 방식은 당신에게 큰 성취감을 선사하리라 믿는다.

첫 번째, 당신이 궁극적으로 원하는 직업은 무엇인가? 연봉, 복지, 전문 분야, 위치 등을 고려하여 현재 정확히 어떤 직업을 꿈꾸고 있는지 다섯 문장으로 설명하라. 가능한 현실적으로 생각해야 한다. '꿈의 직업'을 말할 때는 경력 개발과 성장, 가족, 공동체 등 당신에게 중요한 삶의 모든 요소를 담아내는 것이 중요하다. 다시 말해, 꿈을 향해 걸어가는 데 인생의 70~80퍼센트의 시간을 써야 할 수도 있다는 사실을 잊은 채 단순히 회사와 직업만 생각한다면 꿈의 직업은 순식간에 악몽으로 변할지도 모른다. 직업이 당신의 인생 전반에 미칠 영향을 충분히 고려하지 않은 탓이다. 반드시 꿈의 직업과 관련된 모든 요소를 고려해야 한다.

두 번째, 현재 직업과 지위를 자세히 살펴보라. 현재 당신의 직업은 앞에서 설명한 꿈의 직업에 얼마나 근접해 있는가? 아마도 현재 직업이 생각보다 꿈의 직업에 가깝다는 사실을 깨닫고 놀랄 것이다. 지금 일하고 있는 조직에서도 당신이 꿈꾸던 직업을 찾을 수 있겠다는 생각이 든다면 이제 몇 가지 선택지 중에서 결정하기만 하면 된다.

첫 번째는 직무 형성의 개념이다. 현재 재능 있는 직원들을 구하기 힘든 업무 환경에서 기업들은 최고의 직원들을 회사에 붙들어 놓기 위해서라면 기꺼이 무엇이든지 하려 한다. 이 주제에 관심이 있다면 하버드 비즈니스 리뷰 프레스에서 출간한 프레더릭 라이히헬드Frederick Reichheld와 토머스 틸Thomas Teal의 명서 《로열티 경영》에서 관련 연구를 자세히 확인할 수 있다. 라이히헬드와 틸에 따르면 조직 내에서 중급 직원과 고급 직원을 교체하려면 엄청난 비용이 든다. 우리는 이 사실을 기회로 활용하면 된다.

잠시 한 발짝 물러서서 자신의 직무를 얼마든지 모양을 변형할 수 있는 점토라고 생각해보자. 그다음 당신에게 성취감을 안겨줄 만한 여러 요소를 직무에 통합하고, 반대로 직무에서 다소 싫어하는 부분을 최소화하거나 제거하여 회사에 더 큰 기여를 할 수 있도록 직무 형태와 범위에 대해 상사와 자세히 논의해보자. 또는 현재 일하는 회사가 마음에 들지만 회사 내 다른 분야에 더 관심이 있다면 같은 직급으로 부서 이동을 신청할 수도 있다. 예를 들어, 홍보 부서에서 마케팅 부서로, 또는 영업 팀에서 인터넷 팀으로 이동하는 것이다. 부서 이동은 좋아하는 회사에 머물면서 디

많은 기술을 습득하는 좋은 방법이다.

마지막으로, 현재 맡은 직무에 만족하더라도 그 일이 몸과 마음을 갉아먹고 있다면 결국 삶의 균형을 잃을 수도 있다는 점을 명심하자.

몇몇 경제학자들은 1990년대 들어 직원들이 금전적인 보상보다 삶의 질에 신경 쓰기 시작했다는 점에 주목했다. 1990년대는 가족·의료 휴직법과 직무 분담, 탄력근로제와 재택근무제 등이 처음 도입된 시기였다. 2010년대 후반에 접어들면서부터 기업 대부분은 일과 삶의 균형에 좀 더 주목하고 직원의 직무 유연성에 대해 고민했다. 우리는 바로 이 점을 활용하면 된다.

현재 직업이 마음에 들지만 언제 마지막으로 아이들에게 잘 자라고 인사했는지조차 기억이 나지 않을 정도라면 일과 삶의 균형을 이룰 방법에 대해 회사나 상사와 이야기를 나눠보길 바란다. 어쩌면 일주일에 하루 이틀 정도는 재택 근무를 하거나, 일찍 출근해서 일찍 퇴근하거나, 일주일에 하루를 더 쉬는 대신 나흘 동안 더 오랜 시간을 일할 수도 있을 것이다. 방법은 무궁무진하다.

세 번째, 더 나은 조건과 환경을 찾아라. 현재 속한 회사와 시장 전망, 자신의 지위 등을 분석해보면 여전히 다른 조직에서 일하는 편이 더 낫다는 생각이 들지도 모른다. 하지만 그렇다고 어떻게 확신할 수 있는가? 폴 제인 필저Paul Zane Pilzer는 그의 오디오 프로그램《부의 분수》The Fountain of Wealth에서 이 질문에 대한 답을 주었다. 그는 '50퍼센트 룰'을 제시했다.

새로운 회사에 입사하거나 새로운 사업을 시작할 때, 당신이 생산한 산출량의 95퍼센트는 배움이고 나머지 5퍼센트는 이미 잘 알고 있는 일을 하는 행위로 구성된다. 수개월 또는 몇 년이 지난 후에도 당신은 여전히 주어진 시간의 60퍼센트를 배우는 데 소비하고 40퍼센트를 잘 알고 있는 일을 하는 데 소비한다. 이러한 범위가 교차하는 순간, 즉 주어진 시간의 51퍼센트, 60퍼센트, 또는 95퍼센트를 이미 잘 아는 일을 하는 데 소비하는 순간이야말로 새로운 도전을 할 때다. 성장과 공헌을 요구하는 경제 환경에서 월급으로 얼마를 받든 상관없이 자신의 기술이 퇴보하도록 내버려 두어서는 안 된다.

꿈의 직업을 찾아 나서는 데 지금처럼 많은 자원을 누릴 수 있는 시대는 없었다. 통계에 따르면 일자리의 75퍼센트가 인적 네트워킹을 통해 얻는 것으로 나타났다. 선택한 직업을 관리하는 협회, 대학교 동문 데이터베이스, 관련 업계에서 가장 성공한 리더들을 회원으로 둔 커뮤니티와 자원봉사 단체 등 다양한 인적 네트워크를 활용할 수 있다.

일자리의 나머지 25퍼센트는 인터넷 구인 광고를 통해 채워진다. 수많은 구인·구직 웹 사이트는 당신이 적절한 진로 방향으로 나아갈 수 있도록 각 분야의 일거리는 물론, 성장할 수 있는 모든 유형의 직업을 알려주고 이력서 작성법까지 조언해준다.

네 번째, 꿈을 사업으로 실현하라. 독립적으로 일하며 사내 정치를 없애고 싶은가? 당신이 꿈꾸는 직업이 매우 독특해서 시중에 그에 맞는 일자리가 없다고 느끼는가? 만약 그렇다면 당신이 직접 기업가가 되어 특별한 기회를 창출해볼 수 있다. 바로 이 수제를 중점적으로 다룬 책 중에 베린더 사이얼Verinder Syal의《내 안의 기업가를 발견하라》Discover the Enterpreneur Within라는 책을 추천하고 싶다. 사일은 각자의 삶에 맞게 성공적으로 사업을 시작하는 방법을 차근차근 알려준다.

당신이 어떤 자원을 선택하든 위에서 살펴본 세 가지 길을 제외했다면 남은 선택지는 네 번째 길인 기업가가 되는 것이다. 기업가가 되는 길을 진지하게 검토해보자. 기업가는 독특한 직업이지만 당신이 꿈꾸던 직업을 얻을 유일한 수단이 될 수 있다.

나는 꿈을 향해 나아가는 당신을 위해 내 개인적인 의견으로 이번 장을 끝맺으려 한다.

당신의 마음이 원하는 일을 즐기면서 하라.

당신은 설레지 않는데 남에게 좋아 보이는 직업이나 남들이 당신에게 기대하는 직업을 얻겠다는 압박감에 굴복하면 안 된다는 뜻이다. 내겐 하버드 MBA 학위를 취득한 친구가 있다. 그는 학위의 명성에 걸맞게 '뭔가 큰일'을 해야 하며 다른 졸업생들을 따라 투자은행 업계로 진출해야 할 것 같은 극심한 압박감에 시달렸다고 한다. 어마어마한 부와 명망, 풍요로운 생활이 그를 기다리고 있었지만 한 가지 문제가 있었다. 그가 투자은행가라는 진로에 대해 생각하는 것조차 싫어했다는 점이다. 그는 경영자를 물색하는 헤드헌터를 꿈꿨고 결국 직접 헤드헌팅 회사를 차렸다. 그는 사업에 엄청난 열정을 쏟아부었고 독특한 비즈니스 모델을 내세워 관련 업계를 재정립해 매우 성공적인 헤드헌팅 회사로 키웠다.

기억하자! 당신은 특별한 존재이며 하루 24시간을 당신이라는 세상에 하나뿐인 존재로 살아가야 한다. 무엇이 당신에게 행복을 주는지는 오직 당신만이 정할 수 있다.

제15장

부자의 노후 준비

은퇴의 의미와 목적을
고민하고 대비하라

나는 약간 괴짜 같은 구석이 있어서 일반적으로 통용되는 '상식'을 잘 따르지 않을 때가 많다. 약 25년 전, 나는 시카고컵스의 멋진 리글리 필드 야구장 뒤편에 자리한 2층짜리 연립주택에 살았지만 화이트삭스의 열혈 팬이었다(시카고컵스와 화이트삭스는 모두 미국 일리노이주 시카고를 연고지로 하는 메이저 리그 프로야구 팀이다.—옮긴이). 고등학교에 다닐 때 친구들이 모두 데프 레퍼드Def Leppard와 트위스티드 시스터Twisted Sister를 한물간 밴드로 취급했을 때도 나는 1970년대 음악을 내내 들었다. 지금도 당시 음악을 즐겨 듣는다. 대학을 졸업할 때까지 내가 이수한 경영 과목은 단 하나였고 그마저도 1학년 필수 과목이었다. 그 외에는 인문학 과목을 수강하는 데 치중했는데 정작 졸업 후에는 줄곧 경영 분야에서 일했다. 나의 정치 성향은 양쪽 정당 어디에도 맞지 않는 것 같다. 나는 스스로 '급진적 중도주의자'라고 생각한다. 운동할 땐 라디오 토크 쇼를 즐겨 듣고, 탄 토스트를 매우 좋아한다. 아마도 주위 사람들에게 나는 좀 별난 사람처럼 보일 것이다.

내가 다소 평범에서 벗어난 별난 구석이 있는 사람이라는 점은 인정한다. 하지만 노후를 향한 미국인들의 규적적인 집착은 솔직히 나로선 이해하기가 쉽지 않다. 나는 고등학교 소비자 교육 수업 시간에 은퇴에 관한 통계를 처음 접했다. 어떤 통계였을까? 수많은 자기계발 강연과 시중에 나온 거의 모든 금융 서적이 이 통계를 수없이 인용했고 얼 나이팅게일도 그의 대표작 《얼 나이팅게일의 가장 낯선 비밀》에서 이 통계를 그 나름대로 해석하여 소개했다. 최신 경제 자료를 기조로 이 통계를 정리하면 다음과 같다.

> 65세 정년을 앞둔 100명 중 네 명은 경제적으로 자립하고, 한 명은 부유하고, 나머지 95명은 파산할 것이다.

이 통계는 다양한 방식으로 언급되었고 세부적인 수치는 세월이 흐르면서 대개 부정적인 방향으로 조금씩 변화해왔다. 이 책에서 **상위 1퍼센트 진입을 목표로 삼은 이유도 바로 이러한 현실에 기인한다. 은퇴 걱정 없이 가치를 더하는 일에 집중하며 하루하루를 소중하게 즐기는 인생을 살기 위해서다.**

이 통계가 일반 대중에게 노후 자금을 준비할 필요성을 일깨워준 것은 분명하다. 물론 잘된 일이다. 하지만 상위 1퍼센트에 속하거나 속하길 꿈꾸는 사람이라면 누구나 고민해야 할 중요한 문제가 남아 있다.

'황금 노후'를 보내기 위해 금전적으로 대비해야 한다는 강박에 사로잡혀 젊은 시절에 중요한 것을 포기하진 않았는가? 65세에

백만장자가 되어야 한다는 목표를 지나치게 중요시하진 않았는가? 노후 계획에 치중한 나머지 현재의 삶을 충만하게 살아갈 능력을 잃어버리진 않았는가? 무엇보다 은퇴를 아무 걱정 없이 그저 편안하고 호화로운 삶을 사는 금전적인 행복으로 번지르르하게 포장하진 않았는가?

부디 오해하지 않길 바란다. 은퇴할 나이가 되면 금전적인 안정과 재산은 분명 큰 자산이다. 하지만 그것은 은퇴를 좀 더 포괄적으로 바라보고 정의할 때 넓은 의미에서의 자산일 뿐이다. 은행에 수백만 달러를 쌓아두었더라도 정작 그 돈을 함께 누릴 소중한 사람들이 곁에 없다면, 그 돈으로 하고 싶은 목표가 없다면, 그 돈을 쓸 건강한 몸과 마음이 없다면 도대체 무슨 의미가 있을까?

약 17년 전, 나는 노후에 대한 일반적인 통념을 송두리째 뒤엎은 한 사람을 만났다. 그는 지금까지 내가 만나 본 상위 1퍼센트 중에서 가장 인상 깊었던 인물 중 한 명이다. 바로 존 템플턴 경으로, 현재의 프랭클린 템플턴 인베스트먼트Franklin Templeton Investments를 설립한 인물이다. 2008년 템플턴 경은 95세를 일기로 세상을 떠났지만 평생 누구보다도 충만한 삶을 살았다. 그는 생전에 수십억 달러의 재산을 일구며 세계적인 부자 반열에도 올랐다.

나는 운 좋게 템플턴 경의 정신적인 풍요를 다룬 오디오북 《내면의 부를 쌓는 법칙》The Laws of Inner Wealth을 함께 작업할 기회를 얻었다. 그는 수백만 명의 재산을 합친 것보다도 훨씬 많은 돈은 가진 사람이었다. 65세에 은퇴한 후 바하마에 있는 자신의 집에서 느긋하게 셔플보드 즐길 자격이 있는 사람을 선정한다면 틀림없이 템플턴 경일 것이다. 나는 바하마의 수도인 나소에 있는 그의 사무실 건물을 직접 방문하기 전까지 하인들이 지극정성으로 시중을 드는 호화로운 대저택을 상상했다. 게다가 마감 일정이 촉박해서 프로젝트를 기한 내 끝내기는 쉽지 않겠다고 생각했다. 당시 그의 나이가 86세였고 그에겐 오디오 프로그램 녹음보다 중요한 일이 많을 테니, 이번 프로젝트는 템플턴 재단 회장이 그에게 억지로 시킨 일일 것이라 짐작했다.

템플턴 경의 사무실에 도착했을 때, 나는 깜짝 놀라지 않을 수 없었다. 그의 사무실은 훌륭했지만 호화로운 분위기와는 거리가 멀었다. 오래된 가구와 낡은 검은색 아날로그 전화기가 놓여 있었고, 현재 진행 중인 프로젝트 문서들이 책상에 수북이 쌓여 있었다. 생각보다 매우 소박한 공간이었다. 탁자에는 오늘 자 신문과 최신 잡지로 가득했다. 세상 돌아가는 일에 훤한 사람의 것이었다. 그때 템플턴 경이 방에 들어와 특유의 환한 미소를 머금으며 나를 반갑게 맞이했다. 마치 스물한 살 청년처럼 활기찬 걸음걸이, 연한 푸른색 정장과 넥타이를 단정하게 차려입은 모습이 인상적이었다. 그는 이번 녹음 프로젝트를 무척 고대했다며 내게 힘찬 악수를 건넸다. 프로젝트를 계기로 존 템플턴 재단이 현대 사회에서 육성하고자 하는 정신적 원칙을 논하고 싶다고도 말했다.

우리는 단 하루 만에 그의 분량을 모두 녹음했다. 이는 베테랑 작가들도 하기 힘든 일이었다. 템플턴 경의 집중력은 지금까지 내가 함께 일해본 사람 중에 단연 최고였다. 그는 자신의 체력적 한계도 잘 알고 있어서 90분마다 토막 잠을 자며 다시 기운을 차리고 체력을 보충했다.

나는 템플턴 경을 만난 후 완전히 새로운 시각으로 노후를 바라보게 되었다. 템플턴 경은 보통 사람들이 꿈도 꾸지 못할 큰돈을 벌었다. 세상에 그보다 금전적으로 안정된 노후를 사는 사람도 없을 것이다. 하지만 86세의 나이에도 샘솟는 그의 체력, 집중력, 추진력은 아마도 거의 반세기 전 그가 템플턴 뮤추얼 펀드Templeton Mutual Funds를 처음 설립하던 때와 크게 다르지 않을 것이다. 템플턴 경은 은퇴하기는커녕 조금도 일을 멈추지 않았고, 안락한 노후 대신 평생 열정을 바치는 일에 집중했다. 지난 100년간 과학이 진보한 수준으로 종교와 영성이 진보할 수 있도록 지원도 아끼지 않았다. 템플턴 재단은 이러한 영적 탐구를 촉진하기 위해 '생명의 정신성을 확증하는 데 크게 이바지한 인물'에게 매년 템플턴 상과 세계 최대 규모의 상금을 수여한다.

템플턴 경은 녹음 전후에도 재단 관련 업무와 온갖 프로젝트 현황을 직원에게 보고 받았는데, 여느 현역 CEO에 못지않게 고된 일정을 소화하는 듯했다. 그때 나는 노후에 대한 기존 생각과 배치되는 살아 있는 모순을 목격했다 이 사람은 한 번도 은퇴한 적이 없었다. 그저 인생의 흥미진진한 새로운 단계로 넘어갔을 뿐이다.

나는 템플턴 경을 만난 후, 그가 실천해온 네 가지 전략을 찾아냈다. 그의 전략을 '체크리스트' 삼아 따라 한다면 평안한 몸과 마음으로 훨씬 더 풍요롭고 보람찬 노후를 보낼 수 있을 것이다.

첫 번째, 인생의 황금기인 65세를 맞이하기 전에 은퇴의 의미와 목적을 정하라. 이러한 생각은 저축할 금액보다도 훨씬 중요하다. 템플턴 경은 자신의 재단을 통해 이루고 싶은 목표가 있었다. 그가 품은 비전은 그에게 강한 목적의식을 심어주었고 젊은 사람들 못지않은 활력과 집중력을 발휘할 수 있게 해주었다. 통계에 따르면 은퇴 자금으로 얼마를 갖고 있든 대부분의 사람들에게 은퇴는 인생에서 거쳐야 하는 가장 힘든 전환점이라고 한다. 실제로 은퇴한 후 심근 경색과 우울증을 동반한 질환을 겪는 경우는 매우 흔하다. 이러한 증상은 특히 갑작스럽게 은퇴를 한 사람들에게서 주로 나타난다. 템플턴 경도 토막 잠을 자야 했듯 늘 쉴 틈 없이 일만 하고 싶은 사람은 없을 것이다. 생애 거의 3분의 1을 쏟아부을 큰 목표를 세우는 일은 매우 중요하다.

두 번째, 노후 준비를 위해 저축 예금보다 건강에 더 많이 투자하라. 통계에 따르면 대부분의 사람들이 머지않아 금전적인 이유로 인생의 황금기인 65세에 은퇴할 수 없게 될 것이다. 앞서 언급했듯 의료 기술의 발달로 기대 수명이 급증하면서 현 세대는 사상 유례없는 긴 노후를 맞이할 예정이다. 온종일 질병으로 고통받으며 병원 침대에 누워 있거나 과체중으로 거동이 불편한 상태로 오랜 세월을 흘려보내고 싶은 사람은 없을 것이다.

템플턴 경은 건강한 노후를 보여주는 대표적인 모범 사례다. 분명 평생에 걸쳐 건강을 관리하여 얻은 결실일 것이다. 그는 몸이 건강하고 탄탄하며 활기가 넘쳤다. 그리고 자신의 한계를 잘 알고 있었고 그 한계를 넘지 않는 선에서 일에 매진했다. 지금 건강에 투자한다면 노후에 그만큼 다시 돌아올 것이다.

세 번째, 자신의 생활 방식과 성향에 맞는 노후 생활을 구상하라. 적절한 은퇴 시기와 필요한 자금, 은퇴 후에 해야 할 활동 등에 대해 정해진 공식은 없다. 사실 은퇴를 바라보는 전반적인 시각은 대체로 긍정적이지 않은 편이다. 사람들은 그동안 해온 일을 계속하고 싶어 한다. 그렇다면 왜 남이 시키는 대로 일을 그만두려 하는 것일까? 템플턴 경의 모습은 스테판 폴란Stephen Pollan의 심오하고도 파격적인 저서 《다 쓰고 죽어라》에 나오는 한 구절을 떠올리게 한다. 폴란은 은퇴를 위한 새로운 모델로 오디세우스식 은퇴를 제시했다.

자신의 삶을 유한한 것이 아닌 65세라는 임의의 지점을 향해 올라가는 일종의 모험으로 접근하라. 고대 그리스의 영웅인 오디세우스처럼 당신은 언덕을 넘고 계곡을 건너며 죽음 외에는 그 끝을 알 수 없는 여행을 하는 것이나 마찬가지다. 언제쯤 여행을 끝마쳐야 할지를 고민할 땐 다른 사람의 판단에 휘둘려선 안 된다. 새로운 제2의 인생을 향한 여정에서 스스로 경로를 탐색하고 결정하라.

은퇴를 앞둔 사람들에게 이보다 더 유익한 조언은 없을 것이다.

네 번째, 자신의 목표에 맞춰 노후 자금을 계획하라. 노후 자금은 미리 계획해둔 은퇴 후 목표를 달성하는 데 도움이 된다. 편안한 은퇴 생활을 위해 얼마나 많은 돈이 필요한지 알려주는 공식이나 표는 잊어버리자. 지금 '당신'은 운전석에 앉아 있다. 일단 자신만의 목표를 정했다면 그에 따라 투자와 저축 금액을 조정하자. 템플턴 경은 야심 찬 목표를 실현하기 위해 막대한 자산이 필요했다. 당신의 목표도 그와 비슷하게 야심 차거나 다소 겸손한 수준일지도 모른다. 열쇠는 당신이 쥐고 있다. 방금 위에서 살펴본 세 가지 단계를 차근차근 밟아나간다면 네 번째 단계는 훨씬 쉽게 실행할 수 있을 것이다.

통계를 보고 주눅 들기보다는 위에서 말한 '템플턴 체크리스트'

를 통과했는지 스스로 검증해보는 것이 훨씬 중요하다. 만일 통과하지 못했다면 다시 새로운 관점에서 은퇴 목표를 생각해보자. 그리고 자기 자신을 위대한 모험에 나선 오디세우스라고 생각하자. 당신의 목적지는 상위 1퍼센트다. 어떤 장애물이나 도전을 마주하더라도 목표에 집중하고 대단한 성공을 이루겠다는 자신의 다짐에 충실하다 보면 당신은 어느새 목적지에 도달할 것이다. 마치 여정의 90퍼센트 이상을 이리저리 움직이며 항로를 살짝 이탈했을지언정 결국에는 항구에 도착하는 배가 될 것이다.

이제 은퇴에 관한 '쓸모없는 상식'은 버리고 은퇴에 대해 잘 아는 사람의 이야기에 귀 기울이자. 상식이 늘 옳은 것은 아니다.

제16장

부자의 말센스

.
.
.
.
.
.

자기주장을 할 때는
진솔한 감정과
의견을 전달하라

몇 년 전, 나는 평소처럼 잔디를 깎고 나무를 다듬고 거름을 주며 느긋하게 토요일 오후를 보냈다. 정원 일을 끝낸 후에는 CNBC에서 방영하는 고故 팀 러서트Tim Russert의 토크 쇼 프로그램을 시청하곤 했는데 그날은 러서트가 방송에서 한 유명 방송인을 소개했다. 나는 그 방송을 보다 깜짝 놀랐다. 자기 주장이 강한 편인 그 방송인은 정치적으로 반대 입장에 있는 경제학자와 함께 TV 토론에 초대되었다. 그는 인터뷰가 시작된 지 5분 만에 자신의 명성에 걸맞게 단도직입적인 태도를 보였다. 급기야 그는 경제학자를 맹렬히 비난하며 손가락질을 했다. 또 상대의 이름을 부르고는 마치 어른이 잘못을 저지른 아이를 대하듯 경멸 어린 눈초리로 쳐다보며 토론을 이어갔다.

베테랑 진행자인 러서트조차 이 불쾌하고 당혹스러운 상황에 적잖이 충격을 받은 것 같았다. 러서트는 안쓰러운 마음이 들었는지 경제학자를 거들다시피 하면서 프로그램을 진행하느라 진땀을 뺐다. 나는 이 우스꽝스러운 쇼를 보다 지쳐 TV를 끄면서 우리가 자기주장의 의미를 제대로 알지 못하고 있다는 생각이 들었다. 팀 러서트는 진정으로 자기주장을 훌륭하게 관철한다면 이 유명 방송인은 남을 괴롭히고 공격하는 전술을 구사한다.

안타깝게도 오늘날 언론과 사회는 지나치게 남을 괴롭히는 방향으로 나아가고 있다. 진정으로 시민 담론을 나누고 자기주장을 관철하기보다는 소리를 지르며 남을 위협하거나 인신공격과 교묘한 궤변을 늘어놓는다.

무엇이 '진정한 자기주장'인지에 대해서는 논란이 거세지만 이 기술이 성공하는 데 꼭 필요하다는 점에는 의심의 여지가 없다. 사실 자기주장을 관철하는 기술을 익히는 것은 가지고 있는 모든 기술과 재능을 발휘하는 열쇠가 될 수 있다. 자기주장을 관철하는 능력을 개발하지 않는다면 높은 지능과 뛰어난 판단력, 탁월한 재능이나 능력 등을 꽁꽁 숨긴 채 제대로 발휘하지 못할 것이다.

햇빛을 한번 떠올려보자. 태양은 항상 그 자리에 있지만 날씨가 많이 흐린 날에는 구름 뒤에 숨어 빛이 아예 사라진 듯 보인다. 그러다 갑자기 구름이 걷히면 햇살이 구름을 뚫고 전원을 비추는 아름다운 광경이 펼쳐진다. 자기주장을 관철하는 기술은 마치 햇빛처럼 의심과 두려움에 가려진 개개인의 자질을 세상에 적절히 선보이며 빛날 수 있는 능력이 잘 드러날 수 있도록 한다.

부모들은 이러한 능력이 아이들의 미래와 성공에 얼마나 중요한 역할을 하는지 잘 알고 있다. 수년 전, 나는 아내와 세 아이와 함께 멕시코풍 패스트푸드 프렌차이즈 치폴레Chipotle에서 식사를 한 적이 있다. 당시 여덟 살이었던 딸 키라는 조금 수줍음을 타는 편이어서 아내와 나는 딸이 사람들 앞에서 의사를 표현할 기회를 주려 애를 썼다. 주문한 부리토가 나오자, 나는 딸에게 카운터로 가서 음식을 받은 후 직원에게 매운 소스를 좀 더 가져가도 되는지 물어보라고 했다. 아이는 마치 세계 평화 조약 협상에 나서기라도 한 듯 잔뜩 긴장하기 시작했다. 잠시 주저하더니 한동안 카운터에 가기 싫다며 칭얼거렸다. 나와 아내가 계속 타이르자 아이는 어쩔 수 없다는 듯 고개를 숙이고 팔짱을 낀 채 힘겹게 카운터로 터벅터벅 걸어갔다. 나는 아이가 직원에게 속삭이는 모습을 보면서 미소가 절로 지어졌다. 직원은 환한 미소와 윙크로 아이에게 화답하며 쟁반에 핫소스 몇 개를 얹어주었다. 그러자 아이는 음식을 들고 우리에게 깡충깡충 뛰어왔다. 이번에는 고개를 들고 자랑스러운 표정을 지으며 활짝 웃었다. "여기 핫소스 있어요, 아빠!" 아내와 나는 딸의 작은 성장을 뿌듯하게 지켜봤다.

자기주장을 관철하는 기술에는 곧잘 잊히기 쉽지만 나이가 들수록 더욱 중요해지는 또 다른 측면이 있다. 목사이자 강연가인 칼 르몽Cal LeMon은 "자기주장은 행동으로 보이는 게 아니라 정체성을 반영하는 것이다."라는 유명한 말을 남겼다. 자기주장의 핵심은 각자의 본질적인 개성을 진정으로 표현하는 데 있다. 자기주장을 관철하는 일은 상대방을 괴롭혀 억지로 자신이 원하는 것이나 동의를 얻어낸다는 뜻이 아니다. 남들보다 외향적인 성격을 갖거나 단지 상사의 눈에 들기 위해 교활한 전술을 써야 한다는 뜻도 아니다. 설사 원하는 목표를 달성하더라도 자기 자신의 진정한 자아를 드러내야 한다는 칼 르몽의 기준에 부합하지 못할 수도 있다.

진정으로 자기주장을 관철하는 일은 자신의 정체성을 지키는 과정에 가깝다. 진정성을 타협하거나 본질을 저버리지 않고 일상생활에서 성공할 수 있는 기술을 익히는 것을 말한다.

자신만만하고 표정이 풍부하던 어린아이들이 10대와 20대에 접어들면서 왜 생기를 잃고 순응적인 태도를 보이는 걸까? 이유를 생각해보면 우리는 흔히 고등학교 시절 또래 집단에 속할 때나 대학 졸업 후 직장에서 승진 사다리를 오르기 시작할 때, 주변 사람들과 잘 어울려 빨리 적응하라는 조언을 듣곤 한다.

안타깝게도 이러한 적응 단계를 극복하지 못하는 사람들이 많다. 너무나 많은 것을 타협한 탓에 자신의 정체성을 더는 알지 못하게 되는 것이다. 한편 나이가 들면서 내성적인 사람이 자연스레 적극적인 성격으로 바뀌는 경우도 있다. 성장 단계에서 안정적인 상태를 유지하기 위해 순응하는 것을 참지 못하고, 세상에 고유한 족적을 남기기 위해 정체성을 되찾으려 노력하는 사람도 있기 마련이다. 여기서 중요한 것은 목적이 무엇이든 진정성이나 진정한 자아를 버리는 길을 추구해선 안 된다는 것이다. 궁극적인 목표는 자신의 개성을 더욱 충분히 표현하여 세상에 발자취를 남기는 것이기 때문이다.

이번 장의 주요 골자는 진정한 자아를 저버리며 더는 참을 수 없는 지경에 이를 때까지 가만히 기다려선 안 된다는 것이다. 오늘부터 자신의 정체성을 지키면서 진정한 자기주장을 내세워보자. 다음 방법들은 이러한 목표를 달성하는 데 도움이 될 것이다.

첫 번째, '아니요'라고 거절하는 법을 익혀라. 인생에서 가장 중요한 일을 달성하려면 우선순위에서 벗어난 일들에 대해 거절하는 법을 익혀야 한다. 스티븐 코비는 이에 대해 이렇게 말했다.

마음속에 더 큰 불꽃처럼 타오르는 'YES'를 품고 있다면 중요하지 않은 일에 'NO'라고 거절하기가 한결 쉽다.

앞으로 1년 동안 우선순위를 명확하게 정해 우선순위에서 떨어져 있고 남들이 강요하는 긴급한 활동에 대해서는 능숙하게 거절할 줄도 알아야 한다.

두 번째, 모든 활동에 '독보적인 개성'을 담아라. 자기실현과 영성을 다룬 베스트셀러 여러 권을 집필한 저자 고故 웨인 다이어는 내 인생을 바꾼 소중한 개념을 알려주었다. 본질적으로 군중을 따라가려는 유혹을 뿌리치고 자신만의 독특한 방식으로 모든 활동에 임하라는 가르침이다. 저녁 식사를 만들고, 사업 협상을 진행하고, 가족과 휴가를 떠나고, 시를 쓰고, 아이들을 키울 때 자신만의 특별한 재능을 발휘해도 좋다. 남들에게 검증된 방식, 똑같이 규격화된 접근 방식을 따르는 것이 자신에게 맞지 않는다면 단호히 거부하는 것도 필요하다.

세 번째, 항상 모든 상황의 진실을 명확하게 밝혀라. 흔히 상사, 친구, 배우자 능 직장 생활이나 개인 생활을 하다 만나는 사람들은 당신의 감정과 취향, 믿음에 대해 잘 알려주곤 한다. 다만 그런 그들의 평가는 틀릴 때가 많다. 당신의 감정과 취향, 믿음이 잘못 전달되고 있다면 명확하게 바로잡는 편이 좋다. 만일 제대로 전달되지 않는다면 다른 사람들에게 자신의 정체성을 넘겨주는 것이나 다름없다. 그들에게 당신의 진정한 감정과 의견을 정중히 알려주자.

감동을 주는 강연가로 유명했던 고故 레오 버스카글리아Leo Buscaglia는 다음과 같은 인상적인 말을 남겼다.

천국에 가면 신은 당신에게 왜 다른 사람들처럼 잘하지 못했냐고 왜 그들처럼 생각하지 않았냐고 묻지 않을 것이다. 오히려 '왜 네 자신이 되지 않았는가?'라며 꾸짖을 것이다.

네 번째, 무례하지 않게 반대하라. 살다보면 집단의 의견에 따를 수 없는 다양한 상황에 맞닥뜨리게 된다. 당신을 제외하고 모든 부서 직원, 가족, 이웃 등이 주어진 문제에 대해 같은 목소리를 낼지도 모른다. 보통은 침묵을 지키거나 심지어 동의한 것처럼 행동할 것이다. 하지만 당신은 그렇게 행동해선 안 된다. 다른 사람들이 도달한 합의가 당신의 의견에 반하는 것처럼 보일지라도, 자신과 다른 의견을 존중하면서 명예롭게 반대하는 방법을 연습해보자. 신은 당신에게 특별한 마음과 관점을 심어주었다. 당신이 그것을 세상과 공유하지 않는다면 당신의 부서, 가족, 이웃에게서 신의 특별한 선물을 접할 기회를 앗아가는 셈이다.

이러한 기술을 연마한다면 다른 사람들을 괴롭히며 당신의 의견을 받아들이도록 강요하거나 주목을 받기 위해 다른 사람들을 조종할 필요가 없다. 정체성의 힘이 다른 사람들을 당신에게로 끌어당길 것이기 때문이다.

제17장

부자의 세일즈

최선의 솔루션을 제공해
타인의 신뢰를 얻어라

영업의 시대는 끝났다.

이 말은 닷컴 버블이 한창이던 1990년대 중반부터 흘러나오기 시작하더니, 갈수록 더욱 자동화되고 유동적이며 소비자 중심의 세상이 된 2010년대를 거쳐 오늘날까지 이어지고 있다. 쉽게 말하면 이제 더 이상 까다로운 영업 사원들을 직접 상대하거나 그들의 꼬드김에 넘어가 억지로 구매하지 않아도 된다는 뜻이다.

인터넷은 모든 것을 바꿔놓았다. 고객은 클릭 한 번으로 가정과 기업에서 필요한 것을 무엇이든 구매할 수 있으며 아무리 홍보 문구가 훌륭하더라도 '아니오'만 클릭하면 유혹에 넘어가지 않을 수 있다. 미국 최대 중고차 매매업체 카맥스CarMax와 같은 새로운 기업들은 '성가시지 않은 영업 사원'들을 중심으로 전반적인 비즈니스 모델을 구축했다. 고객에게 별도의 수수료를 받지 않고 '순전히 도와주는 영업 사원'들을 전면에 내세운 것이다.

실제로 많은 기업에선 '아무것도 팔지 않는 전략'이 큰 매출을 확실히 보장하는 전략이라도 되는 것처럼 행동한다! 하지만 이러한 '노 셀링'no selling 전략은 마치 매장에서 자체 생산한 무선탕 아이스크림처럼 씁쓸한 뒷맛을 남겼다. 나는 진짜 영업을 했던 시대가 그립다. 이제 더 이상 영업 사원을 찾아볼 수 없고 이메일함은 온갖 스팸과 끌 수 없는 배너 광고로 가득하다. 더 이상 내게 보험을 파는 사람이 없으니 내가 직접 수많은 보험 정책을 꼼꼼히 살펴보고, 괜찮은 상품을 추려내기 위해 일일이 조사해야 한다. 차라리 예전처럼 영업 사원이 있었다면 나는 그 시간에 아내와 시내에서 열리는 와인 시음 행사를 둘러보거나 7 대 7로 축구 연습을 하는 아들들을 지켜볼 수도 있을 텐데 말이다.

또 자동차를 살 때 더 이상 영업 사원과 흥정할 필요가 없으니 이제 정해진 금액을 지불해야 한다. 내 협상 기술을 써먹을 수도 없으니 영업 사원에게서 엔진 오일 교체 같은 혜택도 끌어내지 못하게 되었다. 사실 우리는 영업 사원을 없앨 필요가 없었다. 매장에서 만드는 자체 브랜드에서 고품질 브랜드인 하겐다즈버전, 즉 솔루션 기반solution-based 영업으로 전환하면 될 일이었다.

아무것도 모르는 고객에게 미리 정해진 제품이나 서비스를 강요하려 애를 쓰는 구시대적인 영업 기술을 고수하는 영업 사원은 그리 환영받지 못한다. 이제 영업 방식이 바뀌었다. 인터넷이 발달한 탓도 있지만 현명한 소비 방법에 대해 교육을 받은 고객들이 많아졌기 때문이다. 만약 자신의 니즈와 가치에 맞는 솔루션을 제안해줄 믿음직한 영업 사원을 알고 있다면, 대부분의 고객들은 기꺼이 그에게 조언을 구하고 굳이 개인 시간을 들여 금융 서비스와 자동차, 전자제품과 주택 등 많은 제품과 서비스를 직접 꼼꼼히 살펴보진 않을 것이다.

이때 핵심은 당연히 '신뢰'다. 영업 상담 과정 전문가들은 이제 판매 계약 체결에 대한 생각 자체가 거의 무의미해졌다고 입을 모은다. 영업 사원이 고객의 니즈와 욕구, 가치에 맞는 제품이나 서비스를 제대로 제안했다면 영업의 끝은 "좋습니다. 그럼 뭘 해야 하죠?"에 지나지 않아야 한다. 나는 오후 내내 수백 개의 생명 보험 회사와 약관을 검색하는 데 시간을 소비하기보다는 완전히 신뢰할 수 있는 생명 보험 영업 사원에게 일을 맡길 것이다. 확신하건대, 이렇게 생각하는 사람이 나뿐만은 아닐 것이다.

어쩌면 당신은 '나는 영업직도 아닐뿐더러 영업에 관심도 없다'고 생각할지도 모른다. 현재 영업직에 종사하더라도 그것이 상위 1퍼센트에 들어가는 것과 무슨 관계가 있는지 의아할 수도 있다. 답은 간단하다. 영업 기술, 특히 '솔루션 기반' 영업은 영업과 관련된 직업이든 아니든 수입과 총 순자산을 늘리고, 무엇보다 한 인간으로서 자신의 영향력과 효과를 크게 높이기 위해 반드시 개발해야 할 '핵심 기술'이다.

1942년, 잡지 《퍼레이드》Parade의 발행인 아서 '레드' 모틀리Arthur "Red" Motley('레드'는 그의 붉은 머리에서 따온 별명이다. ―옮긴이)는 이런 말을 남겼다.

당신이 제품, 아이디어, 기술, 비즈니스, 또는 자기 자신을 팔 때, 결국 모든 것은 영업으로 시작돼 영업으로 끝난다.

몇 년 전, 나는 데일 카네기 트레이닝과 함께 새로운 오디오 프로그램인 《데일 카네기 리더십 마스터 과정》The Dale Carnegie Leadership Mastery Course을 개발하면서 한 가지 놀라운 주장을 선보였다. 바로 인터넷과 이메일을 비롯해 비대면 형태의 의사소통이 일어나는 시대일수록 인간관계, 의사소통의 기술은 더욱 중요한 '미래 기술'로 자리 잡을 것이라는 점이다. 하지만 이메일과 다른 비대면 의사소통 방식이 발달하면 일대일 인간관계 기술의 중요성이 떨어질 것이라며 정반대의 주장을 펴는 전문가들이 많았다.

한번 생각해보자. 가상의 세상에선 인간관계에 잘 대처하지 못하는 사람들이 점점 늘고 있다. 연습 부족으로 소통에 서투른 것이다. 만일 당신이 인간관계 분야의 전문가가 된다면 남들보다 얼마나 많은 경쟁력을 갖추게 될지 상상이 되는가? 대면 소통이 일상이었던 과거보다 바로 지금, 그러한 능력을 갖춘 사람이 훨씬 돋보일 것이다.

우리는 사회적 동물이다. 비디오 판매는 영화관 매출을 감소시키지 않았고 최첨단 주방시설을 갖춘 대형 주택의 등장도 사람들의 주말 외식을 가로막지 못했다. 영업직이나 영업 기술도 마찬가지다. 하겐다즈버전처럼 최고 품질을 목표로 하는 최상급 영업 사원들은 앞으로 더욱 가치가 있을 것이다. 단, 그들은 고객에게 큰 신뢰를 받는 새로운 유형의 영업 사원이 되어야 한다. 공과금을 지불하거나 호텔 숙박과 항공권을 예약하는 등 그다지 신뢰가 많이 필요하지 않은 분야에선 인터넷이 기존 영업을 쉽게 대체할 것이다. 반면 제법 많은 지식과 투자가 얽힌 분야에서는 언제나 높은 신뢰를 받는 최상급 영업 사원들이 활동할 여지가 남아 있을 것이다.

당신이 영업직에 종사하든 아이디어를 판매하든 다른 사람들과의 신뢰 수준을 어떻게 높일 수 있을까? 이에 대해 최고의 영업 코치이자 베스트셀러 《최고의 세일즈맨은 신뢰를 판다》High Trust Selling의 저자인 토드 던컨Todd Duncan은 아주 좋은 아이디어를 제시했다.

던컨은 자신의 뉴스레터 《세일즈 와이어드》Sales Wired에서 고객의 신뢰를 얻으려면 새로운 영업 관계를 정립하기에 앞서 다음 세 가지 질문에 답해볼 것을 제안했다.

첫 번째, 나는 이 고객을 응대하면서 보람을 느끼는가. 이것은 매우 중요한 질문이다. 고객과 같은 가치를 공유하지 않는다면 당장은 아니더라도 앞으로 문제가 생길 수 있다. 잠재 고객을 떳떳하게 당신의 부모님 댁에 데려가거나 가장 친한 친구들에게 소개하지 못하겠다면 고객과의 관계는 그저 고통만 유발할 가능성이 크다.

두 번째, 내가 판매하는 제품과 서비스가 고객에게 최선의 솔루션을 제공하는가. 최상급의 제품이나 서비스를 팔고 있지 않다면 지금부터 팔아야 한다. 그렇다고 해서 자기 분야에서 가장 비싼 제품을 판매하는 영업직을 새로 구하라는 뜻은 아니다. 예를 들어, 현재 평범한 자동차를 판매하더라도 세계적인 수준의 서비스와 업계 최고 수준의 품질 보증을 제공한다고 자신한다면 고객에게 품질 보증 서비스와 혜택에 대해 자세히 알려주자. 단, 제품이나 서비스에 대한 정보를 절대 왜곡해서 전달하면 안 된다. 정직하지 않다면 영업하지 마라. 누구에게도 도움이 안 될뿐더러 특히 자기 자신에게도 이롭지 않다.

세 번째, 내가 제공하는 제품과 서비스는 고객이 현재 걸어가는 인생의 방향에 부합하는가. 영업을 고객의 가치나 욕구를 바꾸도록 설득하는 놀이로 여겨서는 안 된다. 잠재 고객이 전하는 말에 귀를 기울이고 고객이 당신에게서 구매할 경우 좀 더 가치 있는 방향으로 나아갈 수 있을지 생각해보자. 당신이 올바른 마음가짐을 지닌 사람이라면 고객의 깊은 내면에 자리한 가치를 파악하고 적절한 제품이나 서비스로 고객의 진정한 욕구를 충족시키려 할 것이다.

　제품과 서비스, 또는 사업 아이디어를 판매할 때 스스로 위와 같은 질문들을 던져보자. 당신은 고객에게 신뢰를 얻고, 업계에서 새로운 영업 혁신을 이끌며 '새로운 경제'의 영업 무용론無用論이 틀렸다는 사실을 기쁜 마음으로 증명할 수 있을 것이다.

✦ 제18장 ✦

부자의 철학

자신에게 가장 의미 있는
기준에 따라 살아라

철학자들과 시인들은 수세기에 걸쳐 행복과 성취감을 얻는 비결을 찾아 헤맸다. 이 주제에 관심이 있다면 근처에 있는 대형 서점이나 온라인 서점을 방문하여 고전과 신간 등 수많은 책을 찾아 몇 시간씩 읽으며 충만한 삶을 살 방법에 대해 알아봐도 좋다. 하지만 알다시피, 무언가에 대해 읽는 것과 실제로 경험하는 것에는 큰 차이가 있다. 소설가 마크 트웨인은 "나는 늙었고 많은 불행을 걱정했지만 그중 대부분은 한 번도 일어나지 않았다."고 말했다. 나는 이 격언에 다음과 같이 덧붙이고 싶다.

나는 중년이고 행복하고 성공적인 많은 날들을 살아왔지만 그중 대부분은 한 번도 일어나지 않았다.

부디 오해하지 말길 바란다. 나는 삶을 사랑하고 긍정적으로 생각하는 편이다. 하지만 성공하는 삶에 관한 이야기를 읽거나 듣고 그러한 과정이 실제로 행복하고 성공적인 삶을 사는 것과 다름없다는 환상에 빠지기가 얼마나 쉬운지 알고 있다. 생각과 실제 경험은 절대 똑같지 않다. 생각은 행동이 수반되어야 한다. 다행히 나는 행복과 성취감을 얻는 비결을 실제로 관찰하고 모형화할 수 있는 훌륭한 실험실을 발견했다. 놀랍게도 모든 동네에 이러한 실험실이 한 곳씩은 있다. 바로 놀이터다.

수년 전 아직 아이들이 어렸을 때, 날씨 좋은 토요일 오후에 아내가 외출하고 나면 나는 세 아이를 차에 태우고 스타벅스에 들러 커피 한 잔을 산 후 이 실험실을 즐겨 찾았다. 실험실에 도착하면 차 문을 열어 아이들(여기서는 '실험 대상'으로 볼 수 있다)을 내려놓고는 공원 벤치에 철퍼덕 앉아 내 나름대로 분석하기 시작했다. 당시 내가 쓴 일기를 살펴보면 관찰한 표본이 담겨 있다. 여섯 살배기 딸 키라는 평균대에 올라가 최소 여섯 번 이상 왔다 갔다 하면서 한 번도 떨어지지 않았고 혼자 재잘거리며 웃어댔다. 네 살배기 아들 제러미는 장난감 오토바이에 뛰어올라 가상의 도둑들을 뒤쫓았다. 상상 속 건물과 도로 위 바리케이드를 아슬아슬하게 피하더니 스티븐 스필버그의 영화에 나오는 특수 효과에 뒤지지 않는 생동감 넘치는 목소리로 끼익 소리를 냈다.

그리고 갓 20개월을 넘긴 막내 캠든은 바닥에 드러누워 나뭇잎 더미에 몸을 파묻고는 하늘을 올려다보며 손가락으로 구름을 가리키고 있었다. 물론 아이에게는 아직 구름이 아니었다. 아이의 눈에는 구름 모양이 휙휙 바뀌었는지 캠든은 구름을 가리키며 공, 자동차, 엄마 같은 단어를 내뱉었다.

놀이터에서 아이들과 보낸 시간은 정말 기분 좋은 추억으로 남아 있다. 나는 아이들과 놀이터에 갈 때마다 아이들 수십 명이 모여 모래밭에서 성을 짓고, 그네를 하늘에 닿을 듯이 최대한 높이 타고, 나선형 미끄럼틀을 거꾸로 오르고, 회전그네 손잡이를 붙잡고 빙글빙글 돌리는 모습을 볼 수 있었다. 놀이터에 앉아 아이들을 관찰하고 이따금 시간을 확인하면서 한 가지 깜짝 놀랄 만한 사실을 깨달았다. 그곳에선 아무도 피곤해하지 않는다는 점이다. 아이들은 끝없이 열광적인 태도를 보이며 여러 놀이를 해냈다. 부모에게 지금 몇 시인지, 언제쯤 떠날 수 있는지 묻거나 지루하다고 말하는 아이는 단 한 명도 보지 못했다. 그들은 절대 마르지 않는 연료를 지니고 있었다.

우리에게 내재된 절대 마르지 않는 연료는 바로 '열정'이다. 일부 자기계발서의 주장과 달리, 나는 억지로 긍정적인 사고와 끝없는 자기 성찰을 하며 자기 자신을 속여야만 삶에 대한 열정을 얻을 수 있다고 생각하지 않는다. **열정은 우리가 타고난 권리다. 우리는 그저 그것을 재발견하면 된다.**

상위 1퍼센트를 향한 여정은 지금껏 경험해본 적 없는 에너지와 열정을 초기에 선사할지도 모르지만 어느 시점에 이르면 틀림없이 '사막'의 시기에 다다를 것이다. 이 시기에는 열정이 마치 아득한 추억처럼 느껴지고 일상적인 활동에도 금방 지루해하거나 지치고 삶을 지탱할 자양분마저 잃어간다.

세월이 흐를수록 우리는 금전적으로니 직업적으로, 또 개인직으로나 정신적으로 짊어져야 할 책임이 늘어나면서 우리의 삶도 점차 복잡해진다. 어떻게 하면 가족을 부양할 수 있을까? 지금처럼 저축만 하면 넉넉한 노후를 보낼 수 있을까? 나는 정말 좋아하는 일을 하고 있는 걸까? 나는 제대로 경력을 관리하고 있는 걸까? 내 결혼 생활은 왜 만족스럽지 못할까? 어떻게 하면 배우자와 많은 시간을 보내는 동시에 아이들이 원하는 만큼 함께 놀아줄 수 있을까? 도대체 내 인생의 의미는 무엇일까? 나는 왜 이 세상에 있을까? 신은 어디에 있을까?

인생을 아티초크artichoke(지중해 연안이 원산지인 국화과의 다년초로 엉겅퀴와 비슷하다. 브로콜리처럼 꽃봉오리를 먹을 수 있고 꽃받침이 여러 겹 감싸고 있는 형태를 띤다.—옮긴이)라고 생각해보자. 삶을 향한 아이 같은 열정과 흥미는 아티초크의 안쪽 중심부인 하트와 같고, 세월이 흐르면서 겪게 되는 여러 도전과 의문은 아티초크의 잎과 같다. 각각의 의문과 도전이 여러 겹의 잎을 더하고, 남는 것은 열정의 맛뿐이다. 우리에겐 그 많은 잎을 전부 벗겨 안쪽의 하트를 얻어 낼 시간이나 힘이 거의 없다.

나는 우리 모두가 몹시 복잡한 삶을 사는 어른들로서 아이들처럼 힘차게 살아야 한다는 식으로 지나치게 단순화하고 싶진 않다. 나이를 먹고 성공할수록 분명 삶은 더 복잡해질 것이다. 성공과 리더십은 우리에게 이러한 복잡성과 도전을 피하지 말고 제대로 받아들이며, 그것들을 해결하기 위해 어려움을 견디고 능력을 발휘할 것을 요구한다. 내가 가장 좋아하는 저자 중 한 사람인 댄 설리번의 말을 빌리자면 '복잡성의 한계를 뛰어넘어 더 높은 새로운 수준의 단순성에 도달할 것'을 제안하고 싶다. 우리는 거친 세상과 개인의 인생을 일종의 '놀이터'로 전환할 필요가 있다.

내가 관찰한 놀이터의 규칙은 다음과 같다. 이 규칙들을 실제 삶에 적용한다면 더 높은 수준의 단순성을 달성하고 자신만의 연료로 활용할 수 있을 것이다.

첫 번째, 어디에 있든 현재에 충실하라. 현재 하는 모든 일에 온전히 집중할 수 있도록 마음과 영혼을 끊임없이 단련해야 한다. 마음속에 번지는 어수선한 생각을 절반만 줄일 수 있다면, 그로 인해 촉발되는 에너지와 창조성에 깜짝 놀랄 것이다. 명상과 휴식, 집중력을 주제로 다룬 책과 오디오 프로그램을 통해 현재에 충실하고 마음을 단련하는 법을 익히자.

두 번째, 자신의 내적 기준에 따라 살아라. 우리는 나이가 들수록 이웃들에게 더욱 신경을 쓴다. 예컨대 그들이 무엇을 하고, 어떻게 살고, 얼마를 벌고, 무엇을 입고, 심지어는 어떤 신앙을 갖고, 그들의 아이들이 어떤 활동을 하는지까지 일일이 따지고 자기 자신과 비교한다. 스티븐 코비는 이러한 태도를 두고 "다른 사람들의 점수를 기록하는 것을 멈춰라."라고 표현했다. 나는 여기에 다음과 같이 덧붙이고 싶다.

> 외부에서 보내는 신호에 따라 사는 것을 멈추고, 당신에게 가
> 장 의미 있는 기준에 따라 살아라.

당신이 연료 분출구를 열었을 때, 다른 사람들은 당신을 참견하
거나 제어할 수 없다. 한 예로, 내 아들 제러미는 다른 아이들이
미끄럼틀에서 재미있게 놀고 있을 때도 자신만의 놀이에 푹 빠져
도둑들을 잡고 건물들을 피하느라 신경 쓸 틈이 없었다.

세 번째, 내면의 호기심을 자극하라. 나이가 들면 익숙한 일상
에 갇히기 쉽다. 아침에 일어나 식사하고, 운동을 하고, 아이들을
옷을 입혀 학교에 데려다주고, 직장에 가고, 다시 귀가하고, 저녁
식사를 하고, 배우자와 대화하고, 아이들을 목욕시키고, 소파에서
잠이 드는 일상을 수없이 반복한다. 일상처럼 우리의 열정을 억누
르는 것도 없다. 이러한 일상의 유혹을 어떻게 이겨낼 수 있을까?
물론 일상에 변화를 조금 줄 수 있겠지만 그보다 더 나은 전략
은 호기심과 경이로움이라는 기술을 익히는 것이다. 이른 아침,
잠시 시간을 내어 흥미를 갖고 있는 주제에 관한 책을 읽어보자.
일과 관련되지 않은 주제여도 괜찮다. 대화에 참여하거나 회사에
서 발표할 때 판단은 내려놓고 내면의 호기심을 자극하며 자신의

생각을 밝히자. 조금만 더 자세히 들여다보면 구름 속에 숨은 금 광을 찾을 수 있다는 점을 명심하자.

네 번째, 가능한 많이 웃어라. 웃음을 습관으로 만들자. 인생의 험난한 고비를 넘길 때, 어리석고 사소한 불평을 견뎌야 할 때, 우 정을 돈독하게 유지하고 싶을 때 웃음을 활용하자. 나는 한 사람 의 정신 건강이 매주 시끌벅적하게 웃는 횟수와 직결된다고 믿는 다. 그렇다고 모든 일을 단순히 웃어넘기라는 뜻은 아니다. 인생 은 그렇게 사소하지 않다. 하지만 인생의 체력은 복근보다 눈물샘 을 더 많이 단련할 때 강해지는 법이다.

위 규칙들을 인생에 적용한다면 절대 마르지 않는 소중한 연료 인 열정을 활활 불태울 수 있을 것이다.

정보의 바다에서
헤엄치며 진정한 지혜를
찾아라

정보화 시대에 살고 있다는 이야기는 아마 수도 없이 들었을 것이다. 너무나 자주 들어서 이젠 당연해졌다. 경제학자들이 과거 노동자들을 마치 아무 생각이 없는 단순 노동자들로 표현하면서 앞으로 '지식 노동자'가 되어야 한다며 장황하게 설명할 때, 우리는 동조하며 고개를 끄덕인다.

지난 10년 동안 정보화 시대, 새천년, 기계의 시대, 가상 현실 같은 용어들은 이제 진부하게 느껴질 정도로 마구 남용된 것이 사실이다. 이러한 용어들이 아무리 진부해 보여도 그것들이 진실을 말하고 있다는 점은 부정할 수 없다. 부정할 수 없다는 사실 그 자체가 증거인 셈이다.

우리는 인생의 모든 영역에서 정보의 홍수를 경험한다. 매년 수천 권의 새로운 전자책이 출간되고 기업 임원들은 하루 평균 100여 통의 이메일을 받는다. 생산성 전문가 데이비드 앨런은 이들이 200여 통의 이메일을 받을 날이 머지않았다고 말한다.

우리는 스마트폰으로 인터넷에 접속해 상품을 사고, 투표하고 싶은 정치인, 살고 싶은 도시, 사귀고 싶은 사람에 대한 정보를 바로 얻을 수 있다. 많은 정보를 갖는 것은 좋은 일일 것이다. 그런

데, 정말 좋기만 할까?

나는 모든 진리가 궁극적으로는 모순이라고 믿기에 '그렇기도 하고, 그렇지 않기도 하다'라고 감히 말하려 한다. 확실히 풍부한 정보는 우리 삶을 다양한 방식으로 풍요롭게 만들었다. 더 나은 정보를 토대로 적절한 제품을 구매하고, 살 곳을 정하고, 아이들을 학교에 보내고, 약을 복용하고, 직업을 갖는 등 더 나은 선택을 할 수 있다. 자유를 중시하고 중앙집권화된 통제를 비판하는 민주주의 사회에서 더 많은 정보가 널리 퍼지는 것은 미덕이다.

하지만 이와 동시에 나는 풍부한 정보가 다양한 방식으로 우리를 더 빈곤하게 만들었다고 생각한다. 특히 풍부한 정보는 지혜를 앗아갔다. 분명 당신도 이런 생각을 해본 적이 있을 것이다. 하루에도 100통의 이메일(보통 형편없게 작성된)을 받지만 진심이 담긴 훌륭한 서한을 받는 경우는 드물다. 정치인 후보들에 대해 더 많은 정보를 알 수 있지만 웹 사이트마다 인신공격과 근거 없는 소문, 빈약한 추론으로 가득해서 출처의 신빙성이 떨어진다.

그렇다면 웹 사이트에 정보를 올리는 사람은 어떤 자격을 갖추어야 할까? 지난 3년 동안 내가 읽은 수백 권의 책 중에서 내 책장에 영구적으로 자리를 차지할 정도로 충분한 지혜를 준 책은 약 열두 권에 불과하다. 대부분은 새로운 제목을 달고 세상에 나왔을 뿐 이미 다른 수많은 책에서 다룬 내용을 반복할 뿐이다. 굉장히 효과적인 책으로 소개하며 홍보에만 열을 올린다.

지금은 그 어느 때보다 많은 정보를 얻을 수 있지만 정작 지혜를 얻으려면 그 어느 때보다도 더욱 깊이 파고들어야 한다. 진정으로 성공한 상위 1퍼센트의 일원이자 목표를 실현한 다재다능한 인간으로 거듭나고 싶다면 넘치는 정보의 바다에서 끊임없이 헤엄치며 진정한 지혜를 얻어야 한다.

그렇다면 지혜란 무엇일까? 지혜는 여러모로 정확히 정의하기 어렵다. 사랑을 정의하기는 어렵지만 사랑을 느끼면 그것이 무엇인지 안다. 아름다움을 정의하기는 어렵지만 아름다운 것을 보면 그것이 무엇인지 안다. 그리고 지혜를 정의하기는 어렵지만 지혜를 듣거나 경험하면 역시 그것이 무엇인지 알 수 있다.

아마도 정보와 지혜의 차이점을 가장 잘 설명할 방법은 꿈을 떠올려보는 것이다. 나는 깊은 잠을 깨울 만큼 강렬하고 생생한 꿈을 몇 번이나 꿨는지 모른다. 잠에서 깬 후 곁에 있던 아내에게 꿈에 대해 말해주는 사이에 내가 어떤 꿈을 꿨는지 금방 잊어버리고 만다. 몇 분이 지나면 꿈은 완전히 내 기억에서 사라지고 나는 다시 잠든다. 전문가들에 따르면 우리는 매일 밤 수십 번이나 꿈을 꾸는데, 그중 일부는 짧게 기억하지만 대부분은 하나도 기억하지 못한다고 한다. 그런데 내가 어린 시절에 꿨던 몇 가지 꿈은 너무도 강렬해서 지금도 아주 세세하게 떠올릴 수 있을 정도다. 내게 큰 영향을 주었던 그 꿈들을 떠올릴 때면 어린 시절의 의식으로 다시 빨려 들어가는 듯한 느낌이 든다. 바로 여기에서 주된 차이를 찾을 수 있다. 지혜는 오래 남고 정보는 소멸된다. 지혜는 마음 속에 깃드는 향긋한 장미 꽃내음과 같고, 정보는 타오르던 촛불이 순식간에 꺼질 때 풍기는 매캐한 냄새와 같다.

나는 지혜를 두 가지 범주로 분류한다. 바로 '무의식적인 지혜' 와 '의식적인 지혜'다. 무의식 상태에서 나오는 지혜는 순수함에 서 우러나온다. 그것은 별다른 고민 없이 나타나는 말과 행동, 생 각에서 찾을 수 있으며, 순수하고 단순하며 때로는 신선하고 새롭 다. 의식하는 상태에서 나오는 지혜는 성숙함에서 우러나온다. 이 러한 지혜는 깊은 고민과 배려를 거쳐 나타나는 말과 행동, 생각 에서 찾을 수 있다. 또한 여러 단면과 복잡성에 뿌리를 두고 있고 표현이 단순하며, 때로는 오래되거나 노련하다. 지혜가 음료라면 무의식적인 지혜는 갓 짜낸 신선한 오렌지 주스와 같고, 의식적인 지혜는 잘 숙성된 와인과 같다.

아마도 내가 살면서 겪은 사례들을 소개하는 것이 두 지혜의 차 이점을 가장 잘 설명할 방법일 것이다. 다행히 내가 밝히려는 사 례들은 공통점이 있다. 나는 이 사례들의 주제를 내 아이들이 말 한 '프렌치프라이 하나'라고 부르겠다. 보통 무의식에서 나오는 지혜의 가장 좋은 원천은 당연히 어린아이들이다. 아이들은 그 자 체로 순진하고 순수하며, 충동적으로 말하거나 행동하고 생각할 때가 많다. 바로 이러한 특징들이 아무 계획 없이 아이들과 함께 보내는 순간들을 더욱 특별하게 만든다.

이제 모두 10대에 접어든 세 아이는 지금도 나의 지혜의 원천이다. 하지만 10대 아이를 길러본 부모라면 아이들에게서 그러한 지혜에 관한 이야기를 끌어내는 것이 얼마나 어려운 일인지 잘 알 것이다. 아이들의 지혜는 특히 어린 시절에 두드러진다. 그 나이대의 아이들은 거침없이 행동하는 데다 때론 아이다운 단순함으로 부모들에게 매우 인상적인 방식으로 지혜를 표출하기 때문이다.

　약 12년 전, 나는 3일 내내 홀로 아이들과 시간을 보낼 특별한 기회를 얻은 적이 있다. 아내는 오랜 대학 친구를 만나러 가기 위해 휴가를 떠났고, 나는 멋진 아빠로서 집을 지키기로 했다. 처음 이틀 동안 아이들과 나는 게임을 하고 공원에 가고 장난감을 만들며 그 어느 때보다도 재밌는 시간을 보냈다. 심지어 아이들은 순순히 제시간에 잠자리에 들었다!

　하지만 셋째 날, 평온했던 집안의 질서가 깨지기 시작했다. 어쩌면 전날 밤 늦게 본 보름달이 불길한 전조였는지도 모르겠다. 아이들은 정신없이 뛰어다녔고 아래층은 전쟁터를 방불케 했다. 거실 구석구석에 종이가 널려 있었고, 두 살배기 아이는 종이만 제외하고 모든 물건에 마커로 낙서를 하고 있었고, 단정하게 개어 놓은 옷들은 아무렇게나 펼쳐지고 묶여 어느새 천막이 되어 있었다. 그러고는 아이들은 버터로 싸움을 벌였다. 그다음 광경은 당신의 상상에 맡기겠다.

어쨌거나 아내가 두 시간 후에 집에 온다는 점을 고려할 때, 나는 일상에서 벗어나 가정을 구하려면 일단 저녁 식사를 하러 나가는 것이 최선이라고 판단했다. 아이들은 자동차 안에서도 서로 간지럼을 태우고 장난을 치고 놀리고 머리를 잡아당기는 등 잠시도 가만히 있지 않았고, 식당에 도착할 때까지 계속해서 내 혼을 쏙 빼놓았다. 식당에 도착한 후 겨우 자리를 잡고 있을 때, 나는 한바탕 세차를 한 듯 지친 기색이 역력했고 순식간에 10년은 늙어버린 듯했다. 기진맥진해 아이들과 이야기를 나눌 힘도 없었다. 그런데 식당 직원이 세 아이에게 저녁 식사를 갖다주면서 내가 시킨 메뉴는 몇 분 더 걸릴 거라고 말했다. 나는 아이들에게 먼저 먹으라고 말했지만 아이들은 아빠의 식사가 오기 전까지 먼저 먹지 않겠다면서 나를 안타까운 눈으로 바라보았다. 그때 제러미가 말했다.

"아빠, 아빠가 먹을 게 없으니 마음이 불편해요. 프렌치프라이 하나 드릴까요?"

"그래, 제러미." 내가 답했다. "고맙다. 참 친절하구나."

그때 일곱 살이었던 키라도 뒤따라 말했다.

"아빠, 제 프렌치프라이도 하나 드실래요?"

두 살배기 캠든도 덩달아 물었다.

"아빠, 프레시(캠든은 이렇게 말했다) 프라이 먹을래?"

내 저녁 식사가 나올 때까지 아이들은 번갈아가며 프렌치프라이를 내게 나눠주었다. 나는 예상치 못한 아이들의 행동에 감동했다. 아이들이 내민 '프렌치프라이 하나'는 무의식 상태에서 나오는 지혜의 한 예다. 아이들은 정신없었던 하루를 내려놓고 사랑하는 사람과 가진 것을 나누고 싶은 순수하고 진실한 마음을 보여주었다. 그 짧은 순간에 아이들은 내가 느꼈을 불만과 고충은 떨쳐버리고, 진심으로 내가 사랑하는 사람들에게 조건 없이 내어줄 수 있도록 마음을 열어야 한다는 것을 가르쳐주었다.

삶의 목표는 자기 자신을 위한 행복과 성취감을 얻음과 동시에 다른 사람들에게 커다란 영향을 주는 것으로 삼는 게 좋다. 이를 위해서는 삶에서 무의식적으로 나오는 지혜를 되새기고 그것을 '의식하는 생활 방식'이 필요하다.

의식하는 상태에서 나오는 지혜는 나이가 들어야 얻을 수 있다. 삶이 우리에게 주는 다양한 선택지를 시험해보고 궁극적으로 진정한 차이를 불러올 현명한 선택을 할 수 있는 수준에 도달할 수 있는 충분한 시간과 적당한 인생 경험이 필요하다. 나는 앞서 설명한 아이들의 사례를 통해 사소한 방해물을 신속하게 떨쳐버리고 조건 없는 사랑을 베풀기로 다짐했고 진심으로 노력했다.

나는 한발 더 나아가 좀 더 단순한 방식으로 삶에 변화를 주었다. 나는 지인들 사이에서 광적일 만큼 건강에 신경 쓰는 사람으로 통한다. 단 음식은 거의 먹지 않고 달리기를 취미로 즐긴다. 또 매일 챙겨 먹는 비타민 보충제만 해도 한 움큼이 넘는다. 하지만 나이가 들면서 건강에 광적으로 집착하던 습관에서 벗어나 건강을 의식하는 자세를 유지하는 편이 더 수월하다는 것을 알게 되었다. 물론 건강은 중요하다. 건강을 잃으면 아무것도 남지 않는다. 하지만 동시에 건강에 대한 지나친 집착은 삶을 충만하게 경험하는 데 방해가 된다. 결국, 나는 다음과 같은 질문을 던졌다.

인생의 작은 호사조차 누리지 못한다면 과연 오래 사는 것이 무슨 소용이 있는가? 어쩌면 다음 주에는 점심시간에 샌드위치와 프렌치 프라이 한 접시를 주문하고는 즐겁게 먹는 내 모습이 목격될지도 모르겠다. 나는 극단적인 방식은 어떤 것이든 절대 건강하지 않다는 현명한 결론에 도달했고 이제 급진적인 중도를 익히기 위해 노력하고 있다.

의식적인 지혜를 지닌 사람들은 자신의 인생뿐 아니라 전 세계를 바꿨다는 점을 명심하자. 만일 간디가 전쟁을 치를 방식을 놓고 마음속에서 지혜를 얻기보다는 다른 전문가들의 말만 듣고 관련 정보를 모두 수집했다면, 단 한 발의 총탄도 없이 영국을 굴복시킬 순 없었을 것이다.

지혜는 통념에서 벗어날 때도 많다. 지혜는 파격적인 생각과 통상적인 생각을 모두 담고 있다. 사회 통념은 바로 시작하거나 행동할 것을 요구한다. 하지만 의식적인 지혜는 상황에 따라 누군가에겐 '마냥 앉아 있지 말고 뭔가를 시작하라'고 제안하고, 또 다른 상황에서는 '뭘 하려 하지 말고 가만히 앉아 있으라'고 제안한다.

의식적인 지혜는 정형화하거나 예측할 수 없지만 영웅이 탄생

하는 과정에서 드러난다. 의식적인 지혜는 전 세계에 변화를 일으킨다. 당신이 세상을 떠난 후에도 그것은 오랫동안 다음 세대와 함께할 것이다. 수학 이론은 머릿속에서 잊힐지언정 의식적인 지혜는 오래도록 배우는 이의 마음속에 남을 것이다.

앞으로 몇 주에 걸쳐 그동안 살면서 배운 모든 정보를 찬찬히 살펴보는 건 어떨까? 그중에서 어떤 생각을 간직하고, 변경하고, 조정하고, 폐기할지 결정하고 얻은 지혜의 선물을 자신만의 특별한 상자에 담아보자. 그렇게 만든 귀한 선물을 소중한 사람들에게 나눠준다면 이것이야말로 오랫동안 기억에 남을 의미있는 선물이 될 것이다.

제20장

부자의 로드맵

관계를 형성하고
현실을 직시하며
열정을 품어라

몇 년 전, 나는 한 친구에게서 A. 랄프 에퍼슨A. Ralph Epperson의 저서 《보이지 않는 손》The Unseen Hand을 선물 받았다. '음모론적 역사관'이라는 책의 부제가 꽤 도발적이었다. 책에는 전 세계와 사람들의 정신을 지배하겠다는 단 하나의 목표 아래 똘똘 뭉친 소수의 가문이 역사 전체를 조종하는 방식에 대한 이론들이 담겨 있었다.

누군가에겐 이것이 꽤 창의적이거나 터무니없어 보일 것이다. 연방준비제도이사회의 거짓말, 대중을 감시하는 검은 헬리콥터, 사전에 계획된 작위적인 세계 대전 등은 저자가 내세우는 수많은 주장 중 일부다. 하지만 나는 인생을 살면서 이따금 경험한 혼란스럽고 계획되지 않은 사건과 사고를 돌이켜 보면서 책에 나온 광범위한 음모론을 머릿속에서 거의 다 지워버렸다. 음모론은 재밌는 오락거리이자 인세를 벌어들일 좋은 수입원에 지나지 않기 때문이다.

나는 믿기 힘들고 억지스러운 의혹들을 부정했지만 솔직히 그 책에서 다룬 이론들을 머릿속에서 완전히 떨쳐내기는 쉽지 않았다. 그래도 한 가지 거대한 음모론만큼은 계속 믿기로 했다. 역설적이게도 이 음모론은 앞서 언급한 자극적인 책에선 다루지 않는다. 그것은 바로 모든 사람이 특별한 삶을 살지 못하도록 방해하려는 움직임이 이미 전 세계에 널리 퍼져 있다는 음모다.

먼저 용어부터 정의할 필요가 있다. 여기서 '특별한 삶'은 오래 지속되는 깊은 성취감, 목적, 기쁨이 있는 삶을 의미한다. 후회는 적고, 다시 떠올리고 싶은 잊지 못할 순간들을 간직한 삶을 말한다.

아마도 당신은 이 음모의 배후에 누가 숨어 있는지 궁금할 것이다. 그들은 우리가 특별한 삶을 살지 못하도록 어떻게 방해 공작을 펴고 있을까?

음모의 배후는 '우리 모두'다. 이른바 '상향식' 철학을 바탕으로 인생을 구축하려는 욕망에서 이 거대한 음모가 비롯된다. 우리는 모두 정상에 오르고 싶어 한다. 사실 이 책의 목표도 당신을 상위 1퍼센트에 진입시키는 것이다. 우리는 학교를 졸업하고 직장에 들어갈 때 언론과 회사, 광고는 물론, 자기계발 전문가 등에게서 '3대 목표'를 추구하도록 훈련을 받는다. 그것은 바로 부자가 되는 것, 주목을 받는 것, 영향력을 떨치는 것이다.

이 거대한 음모를 꾸미는 데 주로 사용되는 도구인 '측정 기준'의 함정에 빠지기 쉽다. 결국 자신이 정상에 올랐는지 판단할 방법은 성공이라는 산의 꼭대기에 도달했는지 측정하는 수밖에 없기 때문이다. 돈은 성공을 쉽게 측정할 수 있는 기준이다. 얼마나 돈이 많은지만 따지면 산 정상까지의 거리를 가늠할 수 있다. 또 구글에 당신의 이름을 검색했을 때 뜨는 항목이 몇 건인지, 당신의 링크드인과 연결된 인맥이 몇 명인지, 당신을 다룬 주요 간행물 기사가 몇 편인지 그리고 당신과 시간을 보내려 안달이 난 사람들이 몇 명인지 세어본다면 당신의 유명도도 가늠할 수 있다. 당신에게 보고하거나 당신을 위해 일하는 사람들, 당신의 뉴스레터를 구독하는 사람들, 또는 당신이 친구로 여기는 '성공한 사람들'이 몇 명인지 세어 합산한다면 당신의 영향력을 측정할 수 있다.

그러나 성공의 조건을 '전적으로' 측정 대상으로 삼는 상향식 철학에는 문제점이 많다.

먼저 쉽게 측정할 수 없는 것은 모두 무시된다. 그 결과, 인생에서 가장 소중한 순간들이 제대로 인정받지 못한다. 성공을 향해 나아가는 과정에서 중요한 디딤돌 역할을 하지만 그 가치가 제대로 집계되지 않는 것이다.

또한 인생에서 늘 어딘가에 '존재'하기보다는 '도달'할 것을 목표로 삼아야 한다. 이를테면, 유일하게 존재하는 순간인 지금, 자기 자신이 서 있는 곳에 머물지 않고 계속 정상으로 올라가야 한다.

무엇보다 앞서 살펴본 '3대 목표'는 모두 거짓이며 우리를 특별한 삶으로 이끌지 않는다. 금융 전문가 진 채츠키Jean Chatzky 는 자신의 저서 《금융 행복의 십계명》The Ten Commandments of Financial Happiness 에서 부와 행복에 관한 기존 연구를 보완하여 인상적인 연구 결과를 내놓았다. 그녀는 빈곤층에서 중산층으로 이동한 사람들의 행복도와 성취감이 실제로 증가한다고 결론을 내렸다. 하지만 약 5만 달러라는 의외로 낮은 소득 수준을 넘어서기만 하면 행복도나 성취감의 증가폭은 그다지 크지 않았다.

사람들의 주목을 받는다고 해서 반드시 성취감이 높아지는 것은 아니다. 세상에는 늘 자신보다 더 유명하고 더 빠르게 정상에 오르는 사람이 있기 마련이다. 《상어와 함께 수영하되 잡아먹히지 않고 살아남는 법》을 포함해 수많은 경영서를 쓴 하비 맥케이 Harvey Mackay 는 "남들을 따라잡으려 애쓰지 마라. 그들은 따라잡히는 순간, 다시 격차를 벌릴 것이다."라고 말한다. 인기에 의존하며 성취감을 얻는 것은 라스베이거스에서 주사위를 던지는 게임에 자신의 특별한 삶을 거는 것과 같다. 가끔 이기는 날도 있고 지는 날도 있겠지만 결국에는 불리한 카드만 쌓일 뿐이다.

부를 쌓고 사회적으로 인정받는 것이 중요하지 않다는 뜻은 아니다. 사실 그것들은 적절한 환경에서 매우 중요한 요소로 작용한다. 하지만 부와 명성은 특별한 삶에서 비롯되는 부산물이다. 집착 수준까진 아니더라도 열정을 갖고 직접 부와 명성을 얻으려 한다면 결국에는 돈과 박수갈채만으로는 만족할 수 없는 불균형한 삶을 살게 될 가능성이 너무도 크다. 그렇기에 이 책은 단순히 소득 측면에서 상위 1퍼센트에 들어가는 것이 아니라 삶의 모든 중요한 영역에서 특별한 방식으로 살고자 하는 특별한 집단에 들어가는 데 초점을 맞췄다.

부자가 되어 사람들의 주목을 받는데도 특별한 삶으로 이어지지 않는다면 도대체 특별한 삶은 어디에서 오는 것일까? 당신은 진정으로 보람있고 목적의식이 있으며 즐거운 삶을 살게 될 것이라고 어떻게 확신할 수 있는가?

첫 번째 단계는 인생의 철학을 '상향식' 접근법에서 '타임라인' 접근법으로 전환하는 것이다. 이 접근법을 따르면 밑에서 위로 인생을 쌓아 올리지 않고 인생의 끝에서 거슬러 올라가면 된다. 타임라인의 가장 왼쪽에는 현재 나이와 직업, 꿈, 소망, 걱정, 희망, 두려움 등 자신의 인생 상태가 그려진다. 요컨대 지금 자신이 알고 있는 인생이 그대로 담겨 있다. 이 모든 정보가 타임라인의 맨 왼쪽에 자리한다. 한편 타임라인의 맨 오른쪽에는 죽기 바로 전날이 그려진다. 누구나 죽기 전 인생의 마지막 시점에 자신이 몇 살이고, 어디에 살고, 어떤 감정을 느끼고, 꿈과 소망, 걱정과 희망, 두려움이 무엇일지 상상할 것이다.

이제 가장 중요한 단계가 남았다. 조용한 장소에 자리 잡고 앉아 눈을 감고 죽기 전날 주방 식탁에 앉아 커피 한 잔을 마시며 그동안 살아온 인생에 대해 천천히 되짚어보는 자신의 모습을 상상해보자. 인생에서 가장 보람차고 충만하고 즐거웠던 시간들, 진정으로 가치 있는 인생을 만들어준 모든 것을 되돌아보는 모습을 최대한 자세하게 그려보자. 그리고 현재와 같은 방향으로 인생을 살아간다면 어떤 후회를 하게 될지도 생각해보자.

이렇게 약 15분 동안 인생의 마지막 순간을 상상한 다음, 다시 눈을 뜨고 이 과정을 통해 얻은 교훈을 종이에 적어보자. 이제 종이에 적은 교훈을 현재 자신의 인생에서 마주하는 현실과 비교하자. 죽기 전날 떠올리고 싶은 가장 보람차고 충만하고 즐거운 인생의 모습과 일치하는 방향으로 인생을 어떻게 끌고 갈지 생각해보자. 더 나아가 나이가 들었을 때 느낄 커다란 후회를 불러일으키는 활동, 습관, 믿음을 없앨 방안노 고빈해야 한다.

이 전략은 기나긴 여정이 끝나고 그동안 살아온 인생을 평가하는 최종 지점에서 출발해 시간을 거슬러 가기 때문에 지금까지 내가 경험한 목표 설정 전략 중에서도 가장 강력하고 효과적이었다. 이것은 거의 확실하게 특별한 삶을 보장하는 전략이다.

먼 미래에 자신의 인생에 대해 어떤 감정을 갖게 될지 구체적으로 상상하기 어려운 사람들을 위해 나는 세상을 떠나기 전 지난 인생을 되돌아볼 여유를 누린 선구자들을 연구하면서 알게 된 새로운 '3대 목표'를 밝히고자 한다. 이 세 가지 목표는 특별한 삶에 대한 로드맵을 제시한다.

첫 번째, 관계를 형성하라. 여러 연구에 따르면 행복의 80퍼센트 이상은 다른 사람들과 맺는 관계에서 비롯된다. 특히 인생을 통틀어 가장 가까운 여섯 사람과의 관계가 주를 이룬다. 하지만 정작 더 가깝고 만족스러운 인간관계를 형성할 방법을 알려주는 책을 읽어본 사람은 극소수에 불과하다. 특히 남성들은 이 주제에 그다지 큰 관심을 갖지 않는 경향이 있다. 그저 운에 맡기기보다는 인간관계, 더 나아가 신과 형성하는 관계를 인생의 최우선 과제로 삼아보자. 올바른 길로 이끌어줄 지침을 찾고 있다면 얼 나이팅게일이 남긴 명언을 가슴에 새기는 것도 좋다.

인생은 언제나 봉사한 만큼 보상해준다.

다른 사람들에게 도움을 주는 것을 목표로 삼는다면 인생의 기쁨, 시련, 고난을 함께 나눌 수 있는 친밀한 관계를 형성할 뿐만 아니라 기대했던 것보다 많은 유형의 부와 무형의 부를 거머쥐게 될 것이다. 다른 사람들을 돕는 것은 개인적으로 인간관계를 형성하는 좋은 방법이자 그 자체만으로도 훌륭한 사업이 된다.

두 번째, 현실을 직시하라. 사업에서 성공하는 방법을 다른 유명 작가이자 전략가인 톰 피터스Tom Peters는 한 강연에서 재치가 넘치면서도 통찰력이 돋보이는 말을 남겼다.

60대 중반에 누릴 수 있는 축복 중 하나는 다른 사람들의 마음에 들어야 한다는 강박을 버리고 마음껏 이야기할 수 있다는 점이다.

즉, 나이가 들면 다른 사람들의 생각을 크게 신경 쓰지 않고 자신의 생각을 솔직하게 말하고 느낀 대로 행동할 수 있다는 뜻이다. 특별한 삶으로 향하는 길목에 서 있는 우리에게 그의 말은 귀중한 가르침을 준다. 다른 사람들의 시선을 내려놓고 자신의 본능을 따른다면 당신은 어디에서 살고, 누구와 시간을 보내고, 어떤 직업을 갖고, 어떤 정당에 속하고, 어떤 신앙을 갖고 싶은가? 자신이 진정으로 원하는 것이 무엇인지 깊이 고민해보자. 진정으로 자기 자신에게 솔직해진다면 아마도 인생에서 '현실을 직시'해야 할 영역을 한두 개쯤 찾을 수 있을 것이다.

세 번째, 열정을 품어라. 죽기 바로 전날에는 가장 열정을 갖고 있는 일에만 시간을 쏟으려 할 것이다. 나는 아마도 오랜 서적과 오디오 프로그램으로 가득한 서재에 앉아 노트르담 대학교의 승리 행진곡을 틀어놓고 한 손에는 훌륭한 커피 한 잔을 들고 있을 것 같다. 신이 하늘에서 날 지켜보고 있을 것이고 소중한 아내와 세 아이가 곁에 함께할 것이다.

내가 책임과 의무를 다하기 위해 시간을 쏟는 모든 일은 머지않아 끝날 것이다. 인생에서 모든 세속적인 활동을 완전히 배제할 수는 없지만 정말 소중한 사람들과 의미 있는 일에 많은 시간을 쏟으려는 노력만큼은 할 수 있다.

위와 같은 3대 목표를 실현한다면 두 가지 이점을 추가로 얻을 수 있다. 상위 1퍼센트를 향해 발을 내디디며 특별한 삶이 주는 부와 명성을 거의 확실하게 거머쥐게 될 것이다.

사실 타임라인 접근법은 단순히 젊은 사람들이 인생의 노년기를 그려볼 수 있는 흥미로운 방법에 그치지 않는다. 어떤 사람들에게는 오늘이 죽기 바로 전날일 수도 있다. 심지어 아주 짧은 생을 마감하는 젊은 사람들도 있다. 누구도 앞으로 남은 생이 얼마나 될지 확신할 수 없다. 우리는 이러한 현실을 깨닫고 거대한 음모의 진상을 밝혀야 한다. 사람들과 관계를 형성하고, 현실을 직시하고, 열정을 품자. 그리하여 당신만의 특별한 삶을 사는 것이다!

제21장

부자의 관점

미래를 받아들이는
변화론자가 되어라

당신은 이 책을 읽는 데 시간과 자원을 투자함으로써 자신에 대한 깊은 믿음을 증명했다. 커다란 성장과 성공, 부, 특히 성취감이라는 장기적 이익을 얻기 위해 기꺼이 자신에게 투자한 셈이다. 하지만 당신은 자아 발견을 위한 여정에서 점점 심각해지고 있는 문화적인 공포, 즉 미래에 대한 공포를 극복해야 한다. 주요 언론 매체나 간행물, 정치적 담론 등을 둘러봐도 미래에 대해 화려한 미사여구를 늘어놓는 경우는 많지 않다. 방송사, 출판사 그리고 정치인들은 '암울한 선망'이 잘 팔린다는 것을 알고 있다. 왜 그럴까?

여기에는 두 가지 주된 이유가 있다. 하나는 개인적인 측면이고 다른 하나는 사회적인 측면에서 찾을 수 있다. 먼저 개인적인 차원에서 보면 대부분의 사람들은 변화를 두려워하고 스스로 정해놓은 안전지대에서 벗어나지 않으려 한다. 우리는 비관적이고 절망적인 이야기에 귀 기울이면서 위험을 감수하는 것은 어리석고, 혁신을 추구하는 것은 위험하며, 현재 상태와 지위를 지키고 유지하는 편이 훨씬 이롭다고 굳게 믿게 된다. 암울한 전망이 잘 팔리는 이유는 바로 이러한 믿음을 강화하기 때문이다.

사회학적인 차원에서 보면 지난 10년 동안 변화 속도가 급격하게 빨라진 탓에 우리는 삶의 거의 모든 영역에서 성장이 기하급수적으로 일어나는 현실을 마주하고 있다. 인류 역사상 유례없는 수준의 가파른 성장을 직접 경험하고 있는 것이다. 지난 5년 동안 일어난 변화는 조부모 세대가 50년 동안 경험한 변화보다 많다고 한다. 이처럼 엄청난 변화는 예측하기 어려워서 앞으로 어떤 미래가 펼쳐질지 알 수 없다는 불안감을 일으킬 수 있다.

그러나 우리는 직관적으로 인간으로서 성장하고 열정적으로 목표를 추구하기 위해서는 자신감과 열의를 갖고 미래로 나아가야 한다는 것을 알고 있다. 안전지대에 머물며 제자리걸음만 한다면 성공이라는 목표에 도달할 수 없다. 달을 향해 날아오르는 로켓처럼 마치 중력을 거스르듯 안전지대에서 벗어나 자신이 선택한 목적지를 향해 속도를 높여 힘차게 나아가야 한다. 그렇다고 지나치게 맹목적인 낙관주의로 미래를 바라볼 필요는 없다. 당신과 이 세상의 미래를 낙관해도 좋을 만한 다섯 가지 이유를 살펴보자.

첫 번째, 지난 50년 동안 모든 주요 분야에서 엄청난 발전이 이루어졌다. 믿기지 않는다면 수치를 통해 살펴보자. 통계에 따르면 전 세계적으로 기대 수명이 역대 최고치를 기록했다. 지난 20년 동안 미국에선 심장병으로 인한 사망률이 40퍼센트 감소했다. 선정적인 언론 보도와 달리, 기업의 규모 축소가 미국 전체 노동 인구에 미친 영향은 약 3퍼센트에 불과했고 이로 인해 늘어난 자영업자가 직장인보다 시간당 40퍼센트 이상 더 벌어들이며 순편익을 제공했다. 100년 전만 해도 지구상에 민주주의 국가는 소수에 불과했지만 이제 민주주의 국가들은 커다란 성장을 꽃피우고 있다. 오늘날 미국에선 민간 기업이 수천만 곳에 달하며, 이는 1970년에 비해 네 배나 증가했다. 가족과 시간을 보내고 여행을 떠나고 독서를 하는 등 전 세계적으로 사람들의 여가시간과 활동이 급증하고 있다.

두 번째, 기술의 발전으로 선택지가 다양해졌다. 인터넷과 이메일, 질병을 없애거나 다스리는 신약, 스마트폰과 스마트홈, 스마트카 등 다양한 기술이 발달하면서 인간은 더 효율적으로 많은 일을 할 수 있고, 단조로운 일보다는 좀 더 창의적인 일에 시간을 할애할 수 있게 되었다. 특히 인터넷으로 글로벌 시장에 곧바로 접근할 수 있는 데다 어디서든 일할 수 있다는 점에서, 인터넷은 성공을 위한 선택지를 대폭 확대해놓았다.

세 번째, 당신은 성공을 통제할 수 있다. 사내 정치, 임기, 성별, 인종, 그 외 여러 교묘한 술수에 기대어 성공하던 시대는 거의 끝났다. 계층 구조가 무너지고 경제와 조직이 재편됨에 따라 생산성이 떨어지는 기업들은 글로벌 시장에서 살아남지 못할 것이다. 이제 기업들은 가치와 상관없는 요인들을 배제하고, 점차 개인이 조직에 얼마나 많은 가치를 더하는지를 계속해서 추적할 것이다. 이러한 변화는 자기계발에 힘쓰는 우리 같은 사람들에겐 희소식이 아닐 수 없다.

네 번째, 금전을 잘 운용하면 진정으로 중요한 의미를 갖는 일에 몰두할 수 있다. 현재 개별 기업들의 주식이나 주식형 뮤추얼 펀드를 보유한 미국인은 5,000만 명이 넘는다. 이전 세대만 해도 투자가 상류층의 고유 영역이었다는 사실을 고려하면 이러한 변화는 매우 놀랍다. 더욱이 새로운 자금 조달 방식이 속속 등장하면서 주택 소유와 학자금 저축 비율도 급증했다. 일반적으로 사람들은 사회 초년기에 소득의 10퍼센트를 꾸준히 저축하고 주어진 금융 수단을 잘 활용하면 50~100만 달러의 순자산을 축적할 수 있다. 이처럼 자금 조달의 유연성은 생활 방식을 여유롭게 확장할 수 있는 자원을 제공한다. 예를 들어, 금융 자원을 잘 활용하면 아이들과 더 많은 시간을 보내고, 여행을 떠나고, 새로운 사업을 시작할 수도 있다.

다섯 번째, '생각하는 대로 된다'는 성공 비결은 앞으로도 변함이 없을 것이다. 어떤 미래가 펼쳐지든 우리는 자신의 운명을 틀어쥐고 있다. 자신의 생각을 통제하는 주체는 바로 우리 자신이기 때문이다. 특히 지식 기반 경제에서 생각의 속성만큼 미래의 속성에 큰 영향을 끼치는 것도 없다. 우리의 미래는 우리의 마음에 달려 있다.

나는 상위 1퍼센트에 들어가려는 사람의 관점에서 미래를 바라보는 방법을 다룬 책 중에 버지니아 포스트렐Virginia Postrel이 쓴《미래의 적》The Future and Its Enemies을 가장 좋아한다. 포스트렐은 미래를 받아들이는 '변화론자'dynamist와 미래에 맞서 싸우는 '정체론자'stasist의 차이점에 주목한다. 변화론자는 지속적인 창조, 발견, 경쟁, 진화, 학습이 일어나는 세상을 받아들인다. 반면 정체론자는 안정적이고 통제와 예측이 가능하며 좀 더 기술적으로 규제되는 세상을 받아들인다. 그렇다면 성공할 확률이 가장 높은 사람은 어떤 유형일까? 당신은 어떤 유형의 사람인가? 성공하고 싶다면 변화론자의 길을 선택하자.

지금까지 살펴본 미래를 낙관해도 좋은 다섯 가지 이유를 다시 잘 살펴보고 자신의 미래를 받아들이는 것이 중요하다. 좋든 싫든 누구에게나 미래는 찾아온다는 점을 명심하자.

제22장

부자의 선택

선택의 순간에
우선순위를 정하고
집중하라

얼마 전 집으로 돌아오는 길에 아내가 치약을 산다며 월마트 앞에 차를 세워달라고 말했다. 나는 숨 막히는 자동차 안에서 옴짝달싹 하지도 못하고 아내를 기다리는 대신 마트에 직접 다녀오는 것을 택했다. 하지만 막상 치약 판매대에 도착한 순간 눈앞이 캄캄해졌다. 치약 종류가 너무 많았기 때문이다. 선택지는 끝이 없었고 결국 치약 하나 고르는 데 30분을 써버리고 말았다.

선택에는 끝이 없다. 우리는 전례 없는 선택의 세상에 살고 있다. 현재 우리가 경험하는 21세기의 훌륭한 글로벌 경제는 지난 5년 동안 조부모 세대가 평생에 걸쳐 경험했던 것보다도 많은 선택지를 제공한다. 경제가 현재 속도를 유지하며 계속 성장한다면 우리 아이들은 한 달도 채 되지 않는 기간에 지금과 같은 수준의 수많은 선택지를 경험하게 될 것이다.

일정 수준의 선택지가 제공되는 것은 좋은 일이다. 선택은 자유를 제공한다. 선택을 통해 삶의 방향을 크게 바꾸거나 원하는 대로 맞출 수도 있다. 우리는 헤이즐넛을 더한 더블샷 디카페인 라떼를 주문하고, 넷플릭스에서 개인 취향에 맞는 영상을 즐기고, 애플의 인공지능 시스템이 사용자이 '선효'를 바탕으로 읽이블 민한 신간을 추천하는 시대에 살고 있다.

그런데 선택지가 끝도 없이 다양하면 좋기만 할까? 선택지가 너무 많아지면 오히려 우리의 삶을 제한하거나 쓸데없이 복잡하게 만들고 더 큰 불행으로 이끌지 않을까?

이러한 의문은 다소 터무니없게 들릴지도 모르겠다. 하지만 이는 지난 10년 동안 내가 읽은 책 중에서 가장 심오한 책으로 손꼽는 배리 슈워츠Barry Schwartz의 《점심메뉴 고르기도 어려운 사람들》이 도달한 결론이기도 하다. 이 훌륭한 책을 아직 읽지 못했다면 얼른 읽어보길 바란다. 인생에서 중요하고 진정한 행복을 선사하는 것이 무엇인지, 인생에서 허용되는 선택지의 수를 제한하는 것처럼 대세에 반하는 중요한 결정은 어떻게 내려야 하는지에 대해 당신의 사고방식을 새로운 차원으로 넓혀줄 것이다.

정말 상위 1퍼센트에 속하고 싶다면 **정신없이 이어지는 선택의 순간에 휩쓸려 자기 자신을 잃지 않아야 한다. 현명하게 선택하고 소중한 시간을 낭비하지 않아야 한다.**

슈워츠의 주장은 다음과 같다.

1. 선택의 자유에 스스로 일정한 제약을 두고, 그 제약에 저항하지 않는 편이 더 나을 것이다.
2. 최고보다 '적당한 선택지'를 찾는 편이 더 나을 것이다.
3. 선택의 결과에 대한 기대치를 낮추는 편이 더 나을 것이다.

4. 자신이 내린 결정을 되돌릴 수 없는 편이 더 나을 것이다.

5. 다른 사람들이 하는 일에 관심을 덜 기울이는 편이 더 나을 것이다.

언뜻 보기에 슈워츠가 제시한 방법은 평범한 사람들을 위한 처방처럼 보일지도 모른다. '그동안 잠재력을 높이고, 갈고닦은 재능을 발휘하고, 큰 성공을 거두기 위해 할 수 있는 모든 노력을 기울였는데 이제는 기대치를 낮추고 현실에 안주하라는 뜻이냐?'라는 의문이 들 것이다.

그렇지만 꼭 그런 의미는 아니다. 슈워츠가 제안하고 내가 진심으로 추천하는 방법은 **인생에서 '언제' 선택할지를 의식적으로 선택하라는 것이다.** 우리는 가장 귀중한 가치가 있다고 판단한 영역에선 무조건 재능을 십분 발휘하고 가능한 한 큰 성공을 거두기 위해 노력해야 한다.

문제는 현대 문화가 선택의 중요성을 간과하고 그저 인생의 모든 영역에서 더 많은 선택을 요구한다는 점이다. 이것은 우리가 주어진 일의 양에 압도되어 무력함을 느끼게 되는 이유이기도 하다. 이메일과 음성 메시지는 끊임없이 쌓이고 집안 대소사도 늘어나기만 한다. 마트에선 수십 가지의 선택지 중에 고민하고, 휴가 계획을 짤 때도 수십 가지의 선택지를 마주하고, 최저가를 찾기 위해 수십 개의 웹 사이트를 들락날락한다. 이처럼 선택의 순간은 끝이 없다.

선택의 중요성을 구분하는 방법은 다음과 같다. '지금 당장 당신의 인생에서 가장 중요한 다섯 가지 우선순위 목록을 만드는 것'이다. 손바닥 크기만 한 카드에 우선순위를 적은 다음, 주어진 시간의 80퍼센트를 여기에 할애해보자. 이때 해당 분야에만 온전히 집중해야 한다. 상대적으로 덜 중요한 분야에 대해서는 시간의 20퍼센트만 할애하고 가능한 한 선택을 제한해야 한다.

예를 들어, 내겐 가족과 함께 시간을 보내는 일이 가장 중요하다. 가장 좋은 치약을 고르는 일은 우선순위에서 한참 밀린다. 나는 좋은 치약을 찾는 데 30분을 허비하기보다 가장 먼저 직관적으로 끌린 적당한 상품을 선택한 후 다음 단계로 넘어갔어야 했다. 사실 쇼핑은 5분이면 충분했다. 마트에서 추가로 소비한 25분이라는 시간은 가족과 떨어져 있을 만큼 가치 있는 투자가 아니었다. 차라리 차 안에서 아이들과 노래를 부르는 데 25분을 투자하는 게 나을 뻔했다.

궁극적으로 선택에 따른 결과에 큰 차이가 없고 다섯 가지 우선순위에도 미치지 못하는 일인데도 인생에서 지나치게 많은 시간을 허비하는 분야가 있는가? 이렇게 중요하지 않은 분야에 들이는 시간을 제한하려면 지금 바로 결정을 내리자. 신속한 선택이 당신의 인생에 가져다줄 단순함과 집중력은 굉장할 것이다.

슈워츠는 인생에서 현명하게 선택을 제한하는 방법에 대해 다음과 같은 훌륭한 아이디어를 내놓았다.

첫 번째, 만족도는 높이고 극대화는 줄여라. 슈워츠는 '적당한 선택'만으로도 충분하다고 믿는 사람들을 '만족주의자'satisficer로 분류했다. 이들은 최저가에 거래하고, 완벽한 사람과 데이트를 하고, 최고의 직업을 택했다는 것을 100퍼센트 확신하기 위해 모든 대안을 조사할 필요가 없다. 반면 '극대화주의자'maximizer는 가능한 모든 대안을 극대화하려는 함정에 빠지기 쉽다. 최우선 순위에 따라 만족도를 조금만 더 높이는 길을 선택하면 당신의 삶을 근본적으로 단순하게 변화시킬 수 있다.

두 번째, 기회비용의 기회비용을 생각하라. 모든 선택을 잠재적인 기회비용으로 바라보는 것은 재무 관리사와 회계사 들에겐 직업적으로 훌륭한 연습이 되겠지만 개인의 삶을 관리하는 방법으로는 적절하지 않다. 해먹에 누워 책을 읽거나 아들과 함께 캐치볼을 하며 오후 시간을 보내는 것을 비용 측면에서 정당화하기는 쉽지 않다. 이따금 영혼을 달래주는 그러한 활동들은 양적으로 측정할 수도 없다. 대개는 당신의 영혼이나 자녀가 무엇을 바라는지 직관적으로 알아차린 후 그대로 따르고, 그것이 가져다줄 금전적인 보상에 대해서는 잊어버리는 편이 가장 좋다.

세 번째, 선택을 돌이킬 수 없도록 만들어라. 대부분의 사람들은 결혼을 하고, 자녀를 낳고, 특정 종교를 믿는 등 인생에서 경험하는 선택과 약속이 자유를 제한한다고 여긴다. 또한 자유가 많은 편이 언제나 낫다고 생각하므로 돌이킬 수 없는 약속은 피하려 할 것이다. 그러나 현실은 본질적으로 되돌릴 수 없는(또는 극단적인 고통과 노력 없이는 되돌릴 수 없는) 결정도 되돌릴 수 있는 결정만큼이나 자유롭다는 점이다. "나는 이 사람과 결혼해서 여생을 함께 보낼 것이다."라고 말하는 것은 자유를 선사한다. 이것은 당신에게 완전히 새로운 차원의 자유를 제공하고 자신의 선택을 통해 배우고 성장할 길을 열어준다. 이와 동시에 당신은 어느 곳에도 뿌리를 내리지 못하고 끝없이 새로운 대안을 찾아야 하는 일에서 자유로워진다.

네 번째, 적응을 예상하라. 새 차나 집을 사고, 결혼을 하고, 연봉이 오르는 것처럼 인생에서 경험하는 모든 성공은 시간이 지나면서 익숙해진다. 점차 '평범한 일상'이 되는 것이다. 다행스러운 점은 시간이 지나면서 상황에 적응하다 보면 아무리 힘겨운 실패나 비극도 익숙하게 느껴진다는 것이다. 슈워츠는 심각한 장애를 지닌 사람들과 매우 건강한 사람들의 행복도가 장기적으로 거의 같다는 사실을 발견했다. 이처럼 사람은 현실에 적응한다는 점을 고려하면 인생을 더욱 복잡하게 만드는 절망감을 뿌리치고 행복을 유지할 수 있을 것이다.

다섯 번째, 감사하는 태도를 길러라. 현재 가지고 있는 모든 것에 감사하자. 단, 당신보다 힘든 사람들, 당신보다 어려운 여건과 비교하는 것만 허용된다. 사람들은 자기 자신을 어떤 사람들과 비교할까? 대부분은 자신보다 나은 사람들과 비교한다. 하지만 그들은 당신의 인생에서 그리 중요하지 않을 수도 있는 분야에서 유독 나아 보이는 것일지도 모른다. 감사하는 마음을 갖는 것은 끝없는 고통과 불행을 차단할 수 있는 좋은 방법이다. 언제나 감사하는 마음으로 내면을 가득 채우자.

내일부터 이 다섯 가지 방법을 직접 실천하고, 단순하고 충만한 삶을 사는 데 얼마나 큰 도움이 될지 생각해보자. 이 과정은 우선순위 목록에 새로 넣어야 할 만큼 대단한 프로그램이나 프로젝트는 아니다. 먼저 치약 구매처럼 일상에서 접하는 간단한 일부터 시작하면 된다!

제23장

부자의 시간 관리

소중한 순간들로
추억 계좌의 잔고를
채워라

현대 철학자이자 역사학자인 리처드 세넷Richard Sennett은 인생에서 스스로 이야기를 찾아야 한다고 그의 저서에서 논한 바 있다. 다시 말해, 인간이 자신의 존재에 의미를 부여하기 위해서는 인생의 정점에서 혼란스러워 보이는 일련의 사건들을 연결하여 하나의 이야기를 완성한다고 생각해야 한다는 것이다. 즉, 자기 자신만이 말할 수 있는 개인적인 이야기, 복잡하면서도 진실된 이야기를 창조하는 것이다. 단, 훌륭한 고전 소설처럼 줄거리가 명확하고 구성이 탄탄하며 여러 의미가 겹겹이 내포되어 있어 읽을 때마다 숨은 의미를 새롭게 찾게 되는 이야기여야 한다.

나는 가족과 친구들, 지인들에게 그들의 이야기를 들려 달라고 보채곤 한다. 영웅담이나 비극적인 이야기를 전하는 사람들도 있고 현재 진행하고 있는 일에 대해 말하는 사람도 있다.

그런데 사람들과 이야기를 하다 보면 한 가지 공통된 패턴을 발견하게 된다. 바로 인생이라는 긴 줄거리에서 전환점으로 작용한 몇 가지 중요한 순간에 집중하려는 경향이 있다는 점이다. 예컨대 그들은 자녀가 수년 동안 노력을 기울인 끝에 마침내 야구팀에 들어가게 되었다는 소식을 전하고, 순조롭게 성사되거나 끝내 무산

된 거래에 대해 이야기한다. 또 어떤 사람들은 애인이 단순한 남자 친구나 여자 친구를 넘어 평생 한 번 만나기도 어려운 '진정한 사랑'으로 거듭났음을 처음 깨닫게 된 계기에 대해 말한다. 그리고 자신이 암에 걸렸다고 통보받은 날, 첫 아이가 태어난 날, 아버지 묘 옆에 어머니를 모신 날을 이야기한다. 정원에서 아이들을 껴안고 별을 보고, 미국 콜로라도에 있는 파이크스 피크 산꼭대기에 올라 배우자와 함께 따뜻한 코코아를 마시고, 파격적인 승진 이후 새 사무실에 처음 발을 내디딘 순간처럼 비교적 사소한 경험을 떠올리기도 한다. 그렇게 작지만 소중한 순간들이 없었다면 우리의 이야기는 미완성에 그칠 것이다. 그런 순간들이 모여 우리의 본질적인 정체성을 형성하고 앞으로의 모습까지 형성한다.

급변하는 세상에서 시간 관리만큼 듣기 좋게 포장된 기술도 없다. 사실 시간 관리는 성공을 좌우하는 매우 중요한 기술이다. 시간을 제대로 관리하지 않으면서 실질적으로 목표를 달성한 사람들은 찾아보기 힘들다. 하지만 나는 효율성, 기회비용, 권한 위임, 우선순위, 일일 계획표, 태블릿 PC 등 시간 관리에 필요한 기본적인 요소에 지나치게 집중한 나머지 인생에서 불쑥 찾아오는 소중한 순간들을 놓치는 것은 아닌지 두려울 때가 있다.

이것은 대부분의 시간 관리 전문가들이 충분히 고려하지 않는 미묘한 부분이다. 예컨대 시간을 철저히 지키면서 브레인스토밍

회의에서 논의할 안건은 계획할 수 있지만 획기적인 아이디어 그 자체는 계획할 수 없다. 아이를 저녁에 열리는 야구 경기에 데려가는 데 필요한 예산은 마련할 수 있지만 아이가 신에 대해 질문하는 순간을 대비한 예산은 마련할 수 없다. 어쩌면 아이는 우리가 한 번도 가져본 적 없는 의문을 제기할지도 모른다. 메일함에 있는 모든 이메일을 정리한 다음에 효율적으로 응답해도 되지만 수많은 스팸 메일을 정리하느라 대규모 사업 기회에 관한 내용이 담긴 이메일을 놓치지 않도록 주의해야 한다.

나는 당신과 한 가지 실험을 해보고 싶다. 지난 30일 동안의 자신의 삶을 되돌아보는 것이다. 30일 동안 일어난 일 중에서 가장 의미 있고 생생하게 기억에 남는 다섯 가지를 이야기해보자. 그렇다고 그 기억들을 정확하게 떠올리려고 애쓸 필요는 없다. 머릿속에 처음 떠오른 다섯 가지 일을 알아두면 된다. 잠시 책 읽기를 멈추고 실행해보자.

이제 다섯 가지 기억을 떠올린 당신에게 몇 가지 중요한 질문을 할 것이다.

1. 다섯 가지 기억 중에서 목표와 안건을 설정하고 미리 계획한 일은 몇 가지나 되는가?
2. 딱히 계획을 하거나 고민 없이 자연적으로 발생한 일은 몇 가지인가?

3. 사전 계획이나 고민 없이 일어난 일이 많다는 사실이 놀랍
   지 않은가?

가족과 관련된 일과 추억 중에는 즉흥적으로 일어난 경우가 많
다. 직장에서처럼 가정에서도 철저하게 정돈된 생활을 하는 사람
은 거의 없다. 사실 직장 생활을 하나 보면 예상에 없던 사건들을
생각보다 훨씬 자주 접하게 된다. 예를 들어, 다음 연도에 생산할
새로운 제품 라인을 구상하기 위해 주요 협력사와 회의를 소집했
다고 가정해보자.

당신은 두 가지 신제품을 제안할 목적으로 세 시간 동안 진행할
회의 안건을 미리 정리해놓았다. 사전에 계획한 결과는 회의에서
두 가지 훌륭한 신제품을 내놓는 것이다. 반면 즉흥적으로 벌어질
사건은 아마도 회의가 전혀 다른 새로운 방향으로 진행되어 협력
관계를 통한 전반적인 목표에 의문을 제기해, 결국 두 가지 제품
을 추가로 생산하지 않고 대신 해외 시장에서 라이선싱 계약을 체
결하여 기존 제품 라인의 공급을 확대하자는 결론에 도달하는 것
이다.

둘 중 어떤 결과를 얻든 옳고 그르거나 좋고 나쁘다고 볼 수 없
다. 원래 계획한 대로 정확한 결과를 얻었는지, 아니면 예상하지
못한 결과를 얻었는지의 차이일 뿐이다.

그렇다고 해서 계획을 제쳐두고 참선 수업을 듣거나, 무턱대고

혼돈의 골짜기에 뛰어들고, 그저 흘러가는 대로 인생을 내버려둬 야 한다는 말은 아니다. 그보다 훨씬 더 실용적인 방식에 주목해 야 한다.

시간 관리와 목표 설정을 통해 우리 삶을 체계적으로 이끄는 행 동은 의심의 여지 없이 성공하는 데 꼭 필요한 요건이다. 실제로 피터 드러커는 《피터 드러커의 자기경영 노트》에서 일을 완수하 는 것도 중요하지만 '올바른 일을 완수하는 것'이 더 중요하다고 말했다.

시간 관리 기술을 익히는 것은 이러한 목표를 달성하는 데 도움 이 된다. 하지만 이 모든 기술을 제대로 '적용'하고 싶다면 1980년 대 록밴드 38 스페셜38 special의 인기곡 〈Hold On Loosely〉(사랑 하는 이를 지나치게 통제하고 집착하면 결국 놓치고 만다는 내용을 담고 있는 곡이다. ─옮긴이)의 조언을 따르는 건 어떨까?

시간 관리 기술을 활용하여 인생을 경직된 구조로 만들면 그 체 계 자체에 온 신경을 쏟게 된다. **그보다는 시간 관리 기술을 활용 해 주어진 상황에 맞게 조정할 수 있는 유연한 구조를 만들어내는 것이 낫다.**

경직된 체계를 사방에 시멘트를 바른 상자 모양의 방이라고 생 각해보자. 새로운 생각과 경험이 이러한 구조의 형태만 취할 수 있다면 새로운 생각이나 경험이 무엇이든 간에 외부의 벽을 뚫을 수 없을 것이다. 구조가 확실하게 정해져 있기 때문이다.

반대로 유연한 체계를 하나의 큰 거품이라고 생각해보자. 아이들이 생일 파티에서 막대기를 불어 바람에 날리는 비눗방울을 떠올리면 된다. 그 안에서 만들어진 생각과 경험은 거품을 옆이나 위아래로, 또는 어느 방향으로든 상황에 맞게 확장할 수 있다. 때로는 훌륭한 생각이나 경험이 외부에서 생겨나 구조 전체를 터트릴 수도 있다.

이러한 '거품 구조'는 사람 수만큼이나 많고 다양하다. 따라서 이러한 거품에 대해 곰곰이 생각한 후 인생에서 소중한 순간들을 놓치지 않으면서 시간 관리 기술을 적용할 새롭고 유연한 방법을 직접 실험해보자. 이것은 특별한 상위 1퍼센트의 삶을 살고 싶다면 반드시 갖추어야 할 중요한 특성이다.

우리는 앞서 함께 살펴본 실험과 같이 인생의 여정을 끝마칠 즈음에 주마등처럼 머릿속을 스치는 추억들을 되돌아볼 것이다. 이 과정에서 인생이 주는 풍요로움과 전반적인 만족도가 결정된다. **따라서 매년 복리 혜택을 받을 수 있는 투자 계좌와 같은 개념으로, 이러한 기억을 넣어둘 자신만의 '계좌'를 구축하는 것이 매우 중요하다.**

98세까지 충만한 인생을 사셨던 나의 할머니가 그러했듯, 우리도 지난 삶을 자주 되돌아보는 나이에 이르면 머릿속에 떠올리고 싶은 기억들이 많아질 것이다. 그리고 할머니가 인생 경험을 들려주실 때마다 얼굴에 미소를 머금으셨던 모습을 돌이켜 생각해보면 나는 다음과 같이 자신 있게 말할 수 있다.

인생의 마지막 장에 접어들면 당신의 실제 투자 계좌 잔고는 '추억 계좌 잔고'에 비할 게 못 된다. 당장 오늘부터 평생 간직할 추억을 저축하자.

제24장

부자의 리더십

현실적인 태도로
옳다고 믿는 일을
끝까지 하라

나는 몇 년 전 잡지 《더 뉴요커》The New Yorker를 읽다가 당시 가장 인기 없는 사람으로 손꼽히던 마이클 블룸버그Michael Bloomberg 뉴욕 시장에 관한 흥미로운 기사를 접했다. 기사에서 지적한 정치의 역설은 우리의 인생 전반에도 적용할 수 있었다. 바로 '업적과 인기는 비례하지 않는다'는 점이다.

해당 기사에는 정치 성향과 상관없이 누구나 인정하는 블룸버그 시장의 여러 업적이 정리되어 있었다. 기사는 다음과 같이 밝혔다.

"블룸버그 시장이 취임한 2002년 새해 첫날은 세계무역센터 테러가 발생한 이후, 주식시장이 붕괴하기 직전으로 거의 최악의 시기나 다름없었다. 그가 뉴욕 시장 공관인 그래시 맨션으로 거처를 옮기기도 전에 뉴욕은 이미 약 50억 달러의 재정 적자를 기록하고 있었다. 그로부터 9개월 후 적자폭은 65억 달러로 불어났고, 이는 1975년 뉴욕을 거의 파산 직전까지 몰고 갔던 재정 적자 규모에 육박했다."

기사에 따르면 블룸버그 시장은 마치 기업의 대대적인 변화를 이끄는 CEO처럼 단호한 태도와 할 수 있다는 정신을 내세우며 시장직을 이어받았다. 그는 시장직을 수행하기 위해 사람들에게 환영받지 못할 결정도 해야 했다. 먼저 25억 달러를 빌리고 재정 지출을 30억 달러나 삭감했다. 세금을 30억 달러나 추가로 거둬들였고 주차 위반 벌금까지 두 배나 인상했다. 결과는 어땠을까? 뉴욕은 2004년 회계연도를 큰 폭의 흑자로 마감했고, 채권평가기관 두 곳에서 시 재정에 대한 전망을 '부정'에서 '안정'으로 상향 조정했다.

당시 블룸버그 시장의 결정은 큰 고통이 따랐지만 양당 정치인들에게 찬사를 받았다. 오늘날 분열과 대립이 극심한 정치 풍토에 비추어볼 때, 뉴욕은 물론 미국 어디에서도 양당에서 찬사를 받는 인물은 상상하기 어렵다. 그러나 2000년대 중반 당시, 민주당 정치인들은 공화당 소속인 블룸버그 시장의 노력 덕분에 뉴욕이 잠재적인 경제난에서 벗어날 수 있었다며 그의 공을 인정했다. 민주당 소속인 에드 코흐Ed Koch 전 뉴욕 시장도 "그는 훌륭한 일을 해냈는데 매우 과소평가 받고 있다."고 말할 정도였다.

그렇다면 당시 블룸버그 시장의 지지율은 왜 최저치인 24퍼센트를 기록했을까? 그렇다. 정말 놀랍게도 지지율은 24퍼센트에 불과했다! 《더 뉴요커》에 따르면 블룸버그 시장이 저지른 큰 잘못은 변화를 효과적으로 전달하지 못한 데 있었다. 실질적으로 그가 이끌 변화에 대해 대중을 충분히 설득하지 못한 것이다.

블룸버그 시장은 자신이 무엇을 할 것인지 떠들어대기보다 행동으로 증명하려 했다. 어찌 보면 그의 말은 뉴욕 시민을 향한 자신의 열정과 헌신을 충분히 드러내지 못한 셈이다. 결국 그는 임기를 마치고 빌 디블라지오Bill de Blasio 시장에게 자리를 넘겼다.

블룸버그 시장은 임기 내내 말만 앞서는 사람이 아니라 행동하는 사람이었다. 물론 나는 그가 영업 기술 강좌라도 들었다면 시장으로서 지지율을 높일 수 있었을 거라고 생각하지만 오늘날의 정치 풍토에 비추어 당시 기사를 다시 읽어보니 그의 절제된 행동 편향이 신선하게 느껴졌다.

나는 정치적인 사례를 잘 언급하지 않는 편이지만 블룸버그 시장의 사례는 정치 성향을 넘어 우리 모두가 배울 만한 가치가 있다고 생각한다. 그는 크게 성공한 사람들이 주로 직면하게 되는 자질 문제를 잘 보여준다.

신념과 인기 중에 어느 것이 더 중요한가?

사람들에게 이러한 질문을 던지면 돌아오는 대답은 거의 똑같다. 사람들은 "둘 다 중요하다!"라고 말한다. 물론 장기적으로 봤을 때 진실되게 행동하면서 동시에 인기를 얻는 것은 불가능한 일이 아니다. 하지만 위기 상황에서 자신이 옳다고 믿는 일을 그대로 밀어붙이는 것은 인기를 얻는 데 그다지 효과적인 방법이 아니다. 물론 블룸버그 시장이 뉴욕이 처한 재정 위기에 대처할 방법으로 세금과 주차 위반 벌금을 건드리지 않고 대신 돈만 빌리는 어중간한 길을 택했다면 시민들에게 훨씬 큰 호응을 얻을 수 있었을 것이다. 하지만 그는 다음 선거에서 승리하는 것보다 더 중요한 일에 신경을 쏟는 사람이었고 공공의 이익, 즉 뉴욕의 옛 명성을 되찾기 위해 기꺼이 자신의 인기를 희생할 각오가 되어 있었다.

장기적으로 볼 때, 역사는 자신의 신념을 굳게 지킨 사람들을 우호적으로 기록하는 경향이 있다. 특히 시간이 흘러 그들의 신념이 불러온 긍정적인 결과를 제대로 조명할 수 있게 되었을 때 더더욱 그러하다.

당신은 회사와 가족, 팀 또는 지역 사회를 열심히 이끌며 큰 성공을 거둔 사람으로서 역시 다음과 같은 고민에 빠지게 될 것이다. '신념과 인기 중에 어느 것이 더 중요한가?'

당신은 내일이 아니라 당장 오늘 밤에 결정을 내려야 할 수도 있다. 그럴 땐 기억하라. 인기를 얻으려 경쟁하는 것은 패자나 하는 짓이다. 사장이나 부서장, 어머니, 아버지, 정치가도 마찬가지다. 진정한 리더들과 상위 1퍼센트에 속한 사람들은 절대 인기를 얻으려고 남과 경쟁하지 않는다. 누구나 미움보다는 호감을 얻고 싶은 마음이 클 테지만 다른 사람의 비위를 맞추기보다 리더의 목표를 이루는 것이 훨씬 중요하다.

진정한 리더는 장기적으로 조직에 더 나은 성과와 변화를 불러일으키는 것을 목표로 삼는다. 비유하자면 리더는 자기 자신조차

감당하기 버거운 폭풍우가 몰려와도 흔들림 없이 뚫고 나아갈 수 있는 튼튼한 배를 만들어야 한다. 현실적으로 생각하고 스스로 솔직해지기 위해, 때로는 단기적으로 자신의 이익을 포기하면서까지 어려운 선택을 할 때 비로소 당신의 진면모가 드러난다.

그런데 왜 이처럼 힘겨운 과정을 겪어야 할까? 목표를 달성하는 데 몇 년이 걸릴 수도 있고 어쩌면 인정도 받지 못할 텐데 왜 자신의 인기를 내걸어야 할까? 여기에는 두 가지 이유가 있다.

먼저 인기는 바람과 같아서 행동과 상관없이 오를 때도 있고 내릴 때도 있다. 인기를 얻으려 안달하는 순간, 롤러코스터처럼 감정 기복이 심해지고 자기 자신을 있는 그대로 받아들이지 못하게 된다. 당신은 인기를 유지하기 위해 자신의 겉모습과 결정으로 인한 여론을 끊임없이 살피느라 정신을 차릴 수 없을 것이다.

다음으로 옳다고 믿는 방향으로 나아가기 위해 힘든 결정을 내려야 할 때, 당신을 지지하고 당신에게 찬성표를 던지며 큰 변화를 불러올 사람은 세상에 단 한 명뿐이다. 바로 당신 자신이다.

일하러 집을 나서거나 중요한 회의에 참석할 때 마음의 준비를 해보자. 리더로서 내려야 할 결정들이 당신을 기다리고 있을 것이다. 당신은 어느 길을 선택할 것인가?

제25장

부자의 제1원칙

．．．．．．．．

진정한 부는
건강임을 명심하라

상위 1퍼센트를 목표로 삼는 사람들이 인생에서 종종 간과하는 영역이 있다. 바로 '건강'이다. 사람들에게 태도와 기술, 재정과 인간관계가 중요하다고 설득하기는 쉽다. 하지만 건강은 우선순위에서 밀리기 마련이다. 성공하기 위해 최대한 열심히 일하겠다는 열정을 품으면서도 건강 관리는 소홀히 할 때가 많다.

성공한 사람들은 대부분 잠을 너무 적게 자거나 스트레스를 많이 받는다. 심지어 이동하면서 간단하게 끼니를 때우거나 매번 외식을 하는 등 음식을 제대로 챙겨 먹지 못할 때도 많다. 하지만 건강을 잃으면 장기적으로 성공하는 데 필요한 에너지와 체력을 유지하지 못할 가능성이 크다. 게다가 마침내 목표에 도달했는데 몸이 아프거나 허약해서 그 기쁨을 온전히 누릴 수 없다면 무슨 소용이 있을까?

건강이 최고라고 믿는 사람들조차 건강을 위해 어떤 조언을 따라야 할지 혼란스러울 수 있다. 전례 없는 정보의 홍수 속에서 진정한 지혜를 얻기가 쉽지 않기 때문이다. 실제로 건강과 다이어트, 최신 요리법, 운동법, 철학을 주제로 하는 수많은 신간이 매주 쏟아진다. 책마다 건강의 '새로운 기본 원칙'을 제시한다는 점은 모순처럼 느껴지기도 한다. 수년 전, 자기계발 작가 짐 론은 누군가 '새로운 기본 원칙이 있다'며 다가오면 도망치라고 조언하기도 했다. 기본 원칙은 오랜 세월에 걸쳐 확립되었으므로 유행이나 모호한 이론의 영향을 받지 않는다.

이번 장에서 다룰 내용은 건강을 유지하기 위한 기본 원칙이다. 믿을 만한 과학적인 연구에 근거해 집필했으니 안심해도 좋다.

건강은 내가 매우 열정적으로 다루는 주제다. 나는 나의 신념과 가족을 제외하고 개인적인 건강을 가장 우선시한다. 왜 그럴까?

나는 젊었을 때부터 건강이 내가 인생에서 이루고 싶은 모든 것의 기초가 된다는 사실을 익히 깨달았다. 나의 목표는 많은 사람에게 영향을 주고, 아내와 아이들과 함께 소중한 시간을 보내고, 직업적으로 원하는 성과를 내고, 멋진 곳을 여행하는 것이었다. 그리고 이 모든 것이 나의 건강과 활력에 달려 있었다. 만약 내가 지나치게 젊은 나이에 세상을 떠나거나 에너지를 온전히 쓰지 못하고, 예방할 수 있었던 질병에 걸려 인생을 병든 상태로 보낸다면 방금 언급한 목표들은 희미해지고 실현하기도 어려울 것이다.

오늘날 수백만 명의 사람들이 훨씬 흥미롭게 보낼 수 있는 시간을 절반만 즐기며 흘려보내고, 잠재력을 충분히 발휘하지 못한 채 소수에게만 영향을 주고, 경력이나 사업을 발전시키기보다 현상 유지를 하는 데 그친다. 모두 건강과 활력이 부족한 탓이다.

몇 년 전, 나는 블루라이트 차단 선글라스를 샀다. 처음에는 밖에 나갈 때 쓰기에 괜찮았다. 물론 차단 효과가 입이 떡 벌어질 만큼 굉장하게 느껴지진 않았다. 다른 일반 선글라스와 크게 다를 바 없어 보였다. 내심 반품하고 싶은 마음도 들었다. 그때 안경 렌즈에 부착된 어두운 보호 필름이 눈에 띄었다. 필름을 벗겨내고 다시 선글라스를 써보니 눈 앞에 펼쳐진 풍부한 색감과 또렷한 광경에 감탄할 수밖에 없었다. 역설적으로 블루라이트 차단 선글라스의 효과를 제대로 확인한 것이다!

규칙적으로 운동하고 적절한 영양을 섭취하면 몸 건강뿐만 아니라 인생에도 똑같은 효과를 준다. 선글라스의 필름을 벗겼을 때처럼 당신의 정신도 더욱 효율적으로 작동할 것이다. 스트레스와 불안은 차츰 사라지고 가장 힘들게 느껴졌던 도전도 감당할 수 있게 된다. 집중력이 높아지고 예민함은 줄어들고 압박을 받는 상황에도 견딜 수 있는 충분한 자제력을 갖게 되어 자신이 믿는 진정한 가치에 부합하는 방식으로 대응할 수 있다. 하지만 이처럼 버틸 힘이 없다면 자신의 진정한 가치와 전혀 맞지 않는 방식으로 대응하게 될지도 모른다. 원칙도 없이 그저 급하게 반응하며 분풀이하는 데 그칠 수도 있다.

건강과 운동, 영양은 의외로 성공과 깊은 관련이 있다. 단순히 과도한 일정을 소화할 수 있다는 뜻은 아니다. 건강은 현재 최상의 상태를 누리는 길이자 미래의 모습을 결정하는 '중요한 열쇠'다. 내 오랜 친구 고故 지그 지글러는 "일정이 빡빡하게 짜여 있어서 운동을 하지 않을 시간이 없다."라고 입버릇처럼 말했다.

많은 성공한 작가들은 성공 비결로 마음가짐을 강조한다. 하지만 그중에는 머릿속에서 정신적인 전원을 켜고 끄듯 태도를 간단하게 휙휙 바꿀 수 있다고 생각하는 사람들이 많다. 내가 보기에 긍정적인 태도를 일관되게 유지하는 진짜 비결은 규칙적인 운동과 적절한 영양 섭취다. 30분 동안 상쾌하게 운동한 후 요거트와 과일 등 건강한 아침 식사를 할 때 엔도르핀이 솟구치면서 저절로 긍정적인 마음을 갖게 된다. 컴퓨터로 인터넷에 접속할 때 기본으로 설정된 웹 페이지가 나오듯이, 긍정적인 마음은 따로 찾아 헤맬 필요 없이 이미 내 안에 자리 잡고 있을 것이다. 엔도르핀이 마구 나오면 하루 종일 긍정적인 마음을 유지하는 것도 훨씬 수월하다. 얼 나이팅게일의 말을 빌리면, '태도는 마법의 단어'이지만 운동과 영양은 원하는 목표에 도달할 수 있게 해주는 마법 그 자체다.

마지막으로, 진정한 부의 형태는 다름 아닌 건강이라는 사실을 명심하자. 엄청난 시간을 들여 금전적으로 은퇴를 대비하는 사람은 많지만 건강한 은퇴 생활을 계획하는 사람은 거의 없다. 65세에 순자산이 100만 달러에 달하는 부자의 반열에 올랐지만 몸이 너무 아파 그동안 축적한 부를 제대로 누리지도 못한다면 얼마나 억울하겠는가?

안타깝게도 우리 주위에는 이러한 운명을 맞이하는 사람들이 너무도 많다. 보통 은퇴 인구 중 5퍼센트만이 경제적 자유를 얻는다는 통계가 있다. 그런데 여기서 더 나아가 65세 무렵에도 건강하고 활력이 넘쳐 부가 가져다주는 기쁨을 온전히 누릴 수 있는 사람이 몇 명인지 묻는다면 아마 이 수치는 5퍼센트에서 크게 깎일 것이다. 배우자와 아이들과 함께 여행하고, 꿈꾸던 집으로 이사하고, 90세 또는 그 이상까지 잘 살 수 있는 충분한 재산을 축적하더라도 건강이라는 소중한 자산이 뒷받침되지 않는다면 어떤 것도 의미가 없다.

이제 건강과 장수를 가장 중요한 자산으로 생각해야 한다. 건강과 활력을 개선하기 위한 모든 노력은 단기적으로 별 영향을 주지 않는 것처럼 보여도 향후 수년간 가치가 오를 뿐 아니라 해가 갈수록 크게 불어나는 자산이다. 건강은 가족과 함께하는 소중한 순간, 또 직업적으로 결정적인 순간이 왔을 때 비로소 당신을 위해 큰 힘을 발휘할 것이다.

활기차고 건강한 삶을 사는 데 필요한 네 가지 기본 원리를 정리하며 이번 장을 마무리하겠다. 이 네 가지 기본 원리는 앞으로 차곡차곡 부을 건강 적금이라고 생각하자.

첫 번째, 일주일에 다섯 번 30분씩 운동하라. 운동은 하는 것만큼이나 즐기는 것도 중요하다는 연구 결과가 있다. 자신이 열정적으로 할 수 있는 운동이나 적어도 어느 정도 즐길 수 있는 운동을 하면, 그 운동에서 얻게 될 이득이 기하급수적으로 증가할 것이다. 내가 가장 좋아하는 운동은 달리기다. 하지만 실내 러닝머신에서 뛰는 건 힘들고 지루하다. 나는 밖으로 나가서 맑은 공기를 마시고 주변 풍경을 즐기며 즐거운 마음으로 달려야 직성이 풀린다. 그렇다고 모든 사람이 꼭 나처럼 달릴 필요는 없다. 연구에 따르면 일수일에 네다섯 번 30분씩 운동하는 것만으로도 건강이 개선되는 효과를 충분히 경험할 수 있다.

두 번째, 매일 건강하고 균형 잡힌 아침 식사를 하라. 매일 아침 식사를 하는 사람들은 그렇지 않은 사람들보다 날씬하고 건강하며 활력이 넘친다는 연구 결과가 있다. 살을 빼기 위해 아침을 거른다면 사실상 건강에 해로운 일을 하는 셈이다.

아침에 영양가 높은 식사를 하면 신진대사가 빨라진다. 이때 핵심은 '영양'이다. 도넛과 커피만으로는 안 된다. 단백질과 탄수화물, 식이섬유와 약간의 지방을 갖춘 균형 잡힌 아침 식사를 해야 한다. 예컨대, 요거트와 그래놀라 또는 시리얼에 토스트, 주스를 곁들인 한 끼 식사면 아주 좋다.

세 번째, 매일 종합 영양제를 섭취하라. 약초와 비타민을 많이 섭취하는 것이 정말 몸에 좋은지는 아직 확실하게 밝혀지지 않았지만 대부분의 건강 전문가들은 매일 종합비타민을 챙겨 먹으면 건강에 도움이 된다고 말한다. 최근에는 영양제를 알약보다 액체 형태로 섭취하는 것이 더 효과적일 수 있다는 연구 결과도 있다. 어떤 방식으로 섭취하든 매일 영양제를 챙기는 습관을 들이자.

네 번째, 명상이나 기도 의식을 하루 한 번 30분씩 하라. 수년 동안 묵념과 명상 의식을 해온 기독교 사제들과 불교 승려들을 대상으로 연구한 결과, 그들은 생물학적으로 실제 나이보다 15~20년가량 젊은 것으로 나타났다. 명상하는 방법과 수련의 장점을 논하는 존 카밧진Jon Kabat-Zinn의 《처음 만나는 마음챙김 명상》을 포함하여 명상에 관한 훌륭한 책과 오디오 프로그램이 시중에 많이 나와 있다.

네 가지 기본 원칙을 매일 실천하며 차곡차곡 불린 건강 적금은 앞으로 평생 써먹을 수 있는 자산이 될 것이다!

✦ 제26장 ✦

부자의 내공

영웅을 기다리지 말고
스스로 영웅이 되어라

몇 년 전 경영 컨설턴트 데이브 아노트Dave Arnott의 저서 《기업 숭배: 마음을 사로잡는 조직의 은밀한 유혹》Corporate Cults: The Insidious Lure of the All-Consuming Organization을 읽고 나서 내 인생은 크게 바뀌었다. 이 책은 경제지 《포춘》이 선정한 상위 500대 기업 중 몇몇 유명 기업들이 어떻게 종교 집단과 같은 속성을 갖기 시작했는지 파헤치며 경종을 울린 도발적인 책이다. 아노트의 주장에 따르면 이들 기업은 직원 대부분이 회사를 떠나지 않고도 보육 시설, 드라이 클리닝 서비스, 운동 시설 등을 이용할 수 있는데, 이는 기업이 직원들에게 최대한 많은 업무를 맡기기 위함이다. 대규모 기업 회의와 궐기 대회는 종교 부흥 활동과 맞먹는다. 이들 기업 대부분은 아노트가 일컫는 '카리스마 리더'가 이끌며 숭배와 유사한 공동체 의식을 완성한다.

아마도 아노트가 책에 제시한 이른바 '세 가지 영향권'은 그나마 덜 도발적이면서도 인생을 바꿀 만한 아이디어일 것이다. 세 가지 영향권은 가족, 일 그리고 공동체를 위한 영역을 말한다. 이상적인 세계에서 사람들은 각 영역에 똑같은 시간과 관심을 쏟기 때문에 세 가지 영향권은 모두 크기가 같다. 하지만 아노트는 대부분의 사람들에게 일의 영역은 거대하고, 가족의 영역은 작고, 공동체의 영역은 협소하거나 때로는 존재조차 하지 않는다는 반박할 수 없는 증거를 제시한다. 설상가상으로 일과 가족의 영역은 종종 교차한다. 일이 가정생활을 비집고 들어간다는 의미인데, 때로는 그 반대의 경우도 볼 수 있다. 일에 충실하고 일을 최우선으로 여기는 사람늘이 가정생활에서 치러야 할 대가가 있음을 이 영향권 모델에서 확인할 수 있다. 또한 이 모델은 평범한 사람들의 삶이 얼마나 일에 잠식되고 있는지 극적으로 보여준다.

나는 이 모델을 떠올리자 안타까운 마음이 들었다. 공공 분야는 개인의 이익을 위해 대가를 지불하고, 우리는 공동체를 향한 관심을 줄이며 효과적인 리더십을 발휘할 기회를 놓치고 있기 때문이다.

학부모 모임, 정치 활동 위원회, 교회 모금 위원회, 자선 단체 등 당신의 재능과 기술이 절실히 필요한 공동체는 어디에든 있다. 그런 조직에선 리더십이 가장 밑바닥에서부터 작동한다. 대부분의 사람들이 조직에서 경험한 하향식 리더십 모델은 공동체 수준에서 뒤집히기 일쑤다. 실제로 지역 사회 단체와 협회 등에서는 현장에 즉시 투입할 수 있는 기술을 지닌 사람들이 절실히 필요하다. 예를 들어, 당신은 자녀가 다니는 학교에 새로 마련된 컴퓨터실에 필요한 지원을 공동체 구성원들로부터 얻거나, 지역 내 무료 급식소를 도와줄 자원 봉사단을 이끌거나, 정부 정책을 우려하는 시민들을 지역구 의원에게 데려가 의견을 전달하는 등 다양한 일을 맡을 수 있다.

지역 사회 단체는 아노트가 묘사한 기업 사례에 나오는 위에서 군림하는 카리스마 리더에 의존하지 않는다. 조직의 가장 밑바닥에서 모든 움직임이 일어나므로 지역 사회를 이끄는 리더는 사람들을 조직하고, 목표나 비전을 세우고, 현장에서 일을 도맡아 하는 사람들에게 필요한 자원을 제공하는 데 뛰어난 능력을 발휘하는 봉사자의 면모에 좀 더 부합한다. 또한 지역 사회에서 일하는 사람들 대부분은 자원봉사자들이어서 필요가 아닌 열정이 업무의 바탕을 이룬다. 이 분야에서 통용되는 좌우명은 다음과 같다.

나는 이곳에서 '해야만 해서'가 아니라 '하고 싶어서' 일하고 있다. 어떻게 다른 사람들을 도울 수 있는가?

인간이 얽힌 모든 조직에는 경쟁, 정치, 형식, 절차 등 인간성과 관련된 익숙한 문제들이 일어난다. 하지만 단순 돈벌이가 아닌 더 숭고한 목적을 위해 그 조직과 함께한다는 사실은 사람들에게 그러한 문제들을 좀 더 쉽게 극복할 힘을 제공하는 듯하다.

나는 세상에 더 이상 영웅이 없다며 울부짖는 사람들을 볼 때마다 그들이 번지수를 잘못 찾고 있다는 확신이 든다. 사람들은 기업, 언론, 유명인, 스포츠 선수에게서 영웅적인 리더십을 기대한다. 그들은 사람들을 구해줄 구세주를 찾고, 또 계속해서 실망한다. 왜 그럴까? 물론 모든 분야에서 훌륭한 리더들을 찾을 수 있다. 하지만 백마 탄 초인이 등장해 민중을 구한다는 신화는 그저 신화일 뿐이다. **유능한 리더는 카리스마와 '주술 의식'(당근과 채찍으로도 불린다)에 의존하지 않고도 일을 착착 진행할 수 있다.**

유능한 리더는 스스로 모든 일을 하려고 하지 않는다. 이전 세대가 50년에 걸쳐 경험한 변화가 지금은 단 5년 만에 일어날 정도로 급변하는 세상에서, 팀을 효과적으로 이끄는 데 필요한 모든 요인을 알고 따라잡을 수 있는 사람은 없다. 이제 영웅 신화는 버리고 그 자리를 봉사형 리더로 대체해야 한다. 이러한 유형의 리더를 찾을 만한 적절한 장소는 그리 멀리 있지 않다. 바로 당신이 속한 공동체에서도 쉽게 찾을 수 있다. 지역 사회에서 활동하며 진정으로 도움이 필요한 사람들을 위해 당신의 재능과 능력을 펼치자.

공동체 생활에서 터득한 핵심 기술을 직장에도 적용해보자. CEO의 직무 태만을 비난하지 않고 새로운 시장에 진출하기 위해 직원 스스로 스컹크웍스 그룹skunkworks group(소규모 팀이 관료주의에 얽매이지 않고 창의성을 바탕으로 매우 혁신적인 연구 개발에 나서는 조직을 의미한다.)을 형성하는 회사를 상상할 수 있는가? 직장에서 받는 월급이 아닌, 제품이나 서비스를 향한 열정을 매일 원동력으로 삼는 직원들을 상상할 수 있는가?

결국 많은 사람들이 시민으로서 마땅히 누려야 할 삶을 포기했다는 사실은 지역 사회에는 물론이고 그들 자신에게도 적잖은 상처를 남겼다. 그것은 리더십에 관한 한 영웅을 찾는 데 시간을 낭비할 필요가 없으며 오히려 스스로 '영웅이 되는 데' 시간을 쏟아야 한다는 것을 깨달을 기회조차 많은 사람들에게서 앗아가버렸다.

· · · · · · · ·

최종 목표는
더 많은 돈이 아니라
돈이 가져다주는
'감정'이어야 한다

이번 장에서는 21세기의 중요한 역설 하나를 다루려 한다. 바로 '시간은 돈이고, 돈은 시간이다'라는 말이다. 이 문장은 모순되어 보이는 다음 두 가지 진실을 제시한다. 우리 사회가 시간을 내주고 돈을, 말하자면 부를 추구한다는 점과 시간 그 자체가 화폐의 한 종류이자 부의 한 형태가 되었다는 점이다. 이 두 가지 진실은 21세기를 살아가는 우리의 삶과 깊이 연관되어 있다.

우리의 삶은 너무도 바쁘고 빠듯하게 흘러간다. 끊임없이 울리는 스마트폰에 방해받기 일쑤여서 편히 쉴 틈조차 없다. 시장 경제에서 팔리는 여느 상품과 마찬가지로 시간의 가치도 전례 없는 수준으로 오를 것으로 보인다. 이번 장에서는 이러한 역설을 가려내고 시간과 돈의 이상적인 관계를 형성하는 데 도움이 될 만한 여러 전문가의 통찰을 살펴보려 한다.

몇 달 전, 나는 열네 살이 된 아들 캠든과 함께 자전거를 타러 일리노이주 안티오크에 있는 아름다운 삼림 보호 구역으로 향했다. 아마 안티오크가 어디에 있는지 모르는 독자들이 많을 것이다. 사실 시카고 사람들도 잘 알지 못하는 곳이다. 우리 가족이 오랫동안 살았던 안티오크는 위스콘신주와 맞닿아 있는 북부 외곽의 아름다운 마을이다. 범죄율이 낮고 훌륭한 공원을 갖추고 있으며, 거리에는 푸른 가로수가 즐비하고, 몇 분 거리에 필요한 모든 상업 시설이 들어서 있어 가족 단위로 살기 좋은 곳이다. 무엇보다 집값도 매우 저렴한 편이다.

나는 아들과 함께 자전거를 타고 삼림 보호 구역 내 오솔길을 지나 습지 위에 세워진 다리에 이르렀다. 다리를 건너면서 먼 곳을 바라보다가 문득 옛 추억이 떠올랐다.

몇 년 전, 우리 가족은 친척이 사는 코네티컷주 그리니치로 휴가를 떠났는데 그곳에서 산책하며 즐겼던 풍경과 이날 다리에서 본 풍경이 맞먹을 정도로 무척 아름다웠다. 그리니치는 미국 동부 해안에서도 손꼽히는 유명한 부촌으로 뉴욕에서 자동차로 조금만 더 가면 된다. 그리니치에 사는 많은 주민이 소득 면에서 상위 1퍼센트에 속한다.

나는 캠든과 함께 습지가 내려다보이는 다리 위에 자전거를 세우고 잠시 멋진 경치를 구경하다 잘 모르는 사람이면 순간적으로 그리니치에 있다고 해도 충분히 믿을 것 같다는 생각이 들었다.

이러한 생각이 깊어지자 한 가지 의문이 들었다. 일리노이주 안티오크의 삼림 보호 구역이 그리니치의 삼림 지역만큼 아름답다는 뜻인가? 그럴 리 없었다. 이곳은 안티오크다. 적당한 가격대로 집을 살 수 있는 곳, 그리니치 같은 호화로운 주거 지역으로 가기 위해 잠시 거주하는 동네였다.

나는 이 아름다운 장소를 바라보며 한참 생각에 잠겼고, 마침내 안티오크와 그리니치는 본질적으로 차이가 없다는 결론에 도달했다. 차이는 내 마음에 있었다. 내가 두 지역을 어떤 눈으로 바라보고 그런 생각이 내게 어떤 경험을 선사하는지에 따라 두 지역의 차이점이 생겨났다.

이 문제를 철학적인 관점에서 논할 의도는 없다. 하지만 시간과 돈에 대한 인식을 바탕으로 결실을 이루는 데 우리의 믿음과 태도가 어떤 역할을 하는지 이해하는 것은 매우 중요하다고 생각한다.

나는 삼림 보호 구역에서 얻은 경험을 되새기면서 '좋은 삶을 살기 위해', 또 그리니치 같은 아름답고 평화로운 지역에서 살기 위한 돈을 벌기 위해 엄청난 시간과 노력을 들이는 사람들이 수백만 명에 달하리란 생각이 들었다.

지금 당신은 미래를 위한 목표를 떠올리고 있을지도 모른다. 진정으로 살고 싶은 동네, 진정으로 몰고 싶은 자동차, 진정으로 입고 싶은 옷, 진정으로 어울리고 싶은 사람들, 진정으로 휴가를 떠나고 싶은 곳을 머릿속에 그릴 것이다. 그러한 목표는 분명히 고귀하고 가치 있다. 물론 나는 그리니치나 다른 부촌 지역에 대한 악감정이 전혀 없다. 하지만 "목표를 마음에 새기고 시작하라"는 스티븐 코비의 말처럼 나는 부를 추구하는 것이 진정으로 어떤 의미인지 깊이 생각하고 생활 방식이나 태도를 바꿔야 할지 가늠해 보는 것은 매우 중요하다고 생각한다

머릿속으로 현재 당신이 어떤 인생을 살고 있는지 한번 그려보길 바란다. 어떤 사람들과 관계를 맺고, 어디에서 어떤 일을 하고, 직위는 무엇이고, 어디에서 살고, 어떤 자동차를 운전하고, 어떤 옷을 입고, 어디로 휴가를 떠나는지 생각해보자. 약 10초 동안 최대한 구체적으로 떠올리며 의식에 새겨두자. 당신의 모습뿐 아니라 감성에도 집중해야 한다.

이제 머릿속에 그린 모습과 감정이 희미해지도록 놔두자. 그다음 새로운 모습을 떠올려보자. 당신이 꿈꾸는 진정으로 '좋은 삶'을 상상해보자. 상상 속 당신은 어떤 사람들과 관계를 맺고, 어디에서 어떤 일을 하고, 직위는 무엇이며, 어디에서 살고, 어떤 자동차를 운전하고, 어떤 옷을 입고, 어디로 휴가를 떠나는지 머릿속에 그려보는 것이다.

이렇게 상상한 모습을 약 10초 동안 최대한 구체적으로 떠올리며 의식에 새겨두자. 다시 말하지만 당신의 모습뿐 아니라 감정에도 집중해야 한다. 당신이 생각하는 이상적인 삶의 모습을 머릿속에 각인하자.

지금부터는 색다른 시도를 해볼 것이다. 머릿속에 그려둔 이상적인 인생이 지난 3년 동안 실제로 일어난 현실이라고 상상해보자. 이러한 현실이 새롭고 신선한 것이 아니라 편안한 일상이라면 어떨까? 당신은 3년 동안 그동안 꿈꿔왔던 사람들을 만났는데 기분이 어떤가? 어떤 문제를 경험했는가? 3년 동안 이상적인 직장에서 일했고 3년 동안 최고의 실적을 유지했다. 어떤 느낌이 드는가? 당신이 마주한 기회와 도전은 무엇인가?

이런 식으로 생각하는 과정을 계속 진행해보자. 당신이 사는 집과 동네는 어디이고 지금 어떤 기분이 드는가? 어떤 자동차를 끄는가? 당신은 3년 동안 편안한 마음으로 최고의 차를 운전해왔다. 어떤 기분이 드는가? 이제 입고 있는 옷과 휴가를 떠나는 장소를 생각해보자. 약 10초 동안 여러 복합적인 감정을 느껴보자. 이제 두 눈을 떠라.

이 과정을 통해 우리는 무엇을 얻을 수 있을까? 꿈꾸었던 미래를 현실적으로 그려보는 연습을 통해 심리학자들이 말하는 '적응'이라는 단계를 표면적으로나마 조금은 맛볼 수 있을 것이다. 우리는 보통 3년 이상 살아온 익숙한 환경이나 현재의 모습을 어떤 도전이나 문제도, 좌절도 없는 완전히 새로운 인생과 부당하게 비교할 때가 많다. 이런 식으로 미래를 상상하는 것은 궁극적으로 우리가 목표를 달성했을 때 실제로 느낄 감정에 대해 비현실적인 인상만 심어준다. 심리학자 배리 슈워츠가 발표한 흥미로운 연구 결과에 따르면 대부분의 사람들은 새로운 환경에 빠르게 적응하고 이전과 동일한 수준의 행복과 만족을 느낀다.

나는 직접 연습해보면서 이 과정이 진정한 우선순위를 결정하는 훌륭한 도구라는 것을 깨달았다. 새로운 집에는 현재 내가 가지고 있는 물건과 똑같은 물건이 많이 있을 거란 사실도 알 수 있었다. 단지 지금보다 더 많고 커질 뿐이었다. 새로 출시된 고급 자동차는 좀 더 멋지고 편안하게 나를 목적지로 이끌어주겠지만 어쩌면 정이 덜 가고 유지비가 많이 들 것이다. 카리브해에서 보내는 이국적인 휴가는 위스콘신주 도어 카운티의 고요한 시골집에서 보내는 휴가보다 내게 정말 더 큰 행복을 가져다줄 것인가? 아마 그럴 수도, 아닐 수도 있다. **나는 상위 1퍼센트라는 금전적인 목표를 달성하고자 하는 진정한 목적은 바로 '경제적 자유를 얻기 위함'이라고 결론지었다. 내가 원하는 대로 소중한 사람들과 함께 더 많은 시간을 보내고 싶기 때문이다.**

물론 당신은 나와 다른 결론에 도달할 수도 있다. 다만 이 연습을 통해 당신의 소중한 시간을 무엇과 맞바꾸고 있는지에 대해 좀 더 현실적인 아이디어를 얻길 바란다. 만일 더 많은 돈을 벌고 좋은 삶을 추구하기 위해 더 많은 시간을 투자하고 있다면 지금도 이미 좋은 삶을 살고 있음을 깨닫게 될 것이다. 당신은 당신에게 주어진 시간을 더 많이 음미하고 즐길 필요가 있다. 제2장에서 언급한 《이웃집 백만장자 변하지 않는 부의 법칙》이라는 책에서 얻은 교훈을 가슴에 새기고 부촌에 살며 최신형 고급 자동차를 몰아야 한다는 압박과 함정에서 벗어난다면 경제적 자유라는 목표를 훨씬 더 빨리 달성할 수 있을 것이다.

나는 앞서 시간 그 자체가 부의 한 형태라고 주장한 바 있다. 지금 당신은 시간이라는 화폐와 부를 어떤 방식으로 투자하고 있는가? 나는 '시간은 돈'이라는 믿음이 우리에게 소중한 순간들을 마치 주식이나 귀금속처럼 시장에서 거래되는 상품의 일종으로 취급하게 만들었다고 생각한다. 순전히 금전적인 관점에서 시간을 바라보고, 전능한 돈을 버는 데 쓰이지 않는 모든 시간이 낭비되었다고 여기게 된 것이다.

'목표를 마음에 새기고 시작하라'는 자세로 돌아가 생각해보면, 돈 자체를 최종 목표로 삼아서는 안 된다. **최종 목표는 돈이 우리에게 가져다줄 것, 즉 돈이 우리에게 줄 '감정'이어야 한다.** 바로 이 점에 초점을 맞춘다면, 전능한 돈이 아니라 진정한 목표를 이루기 위해 주어진 시간을 쏟을 것이다. 무엇보다 이러한 목표를 달성하는 데 더 이상의 돈이 필요하지 않다는 사실을 깨닫고 깜짝 놀라게 될 것이다.

여기서 핵심은 돈이 나쁘다는 것이 아니다. 인생에서 돈은 꼭 필요하다. 돈이 있어야 아이들을 가르치고, 집과 자동차를 마련하고, 중요한 자선 단체를 지원하고, 배우자와 즐거운 저녁 식사와 데이트를 할 수 있다. 돈은 우리가 원하는 많은 것들을 즐길 수 있도록 도와준다. 돈 자체에 의문을 제기할 필요는 없다. 시간과 돈 사이의 균형을 고민하고, 의식하고, 자신의 진정한 우선순위에 부합하도록 만드는 데 집중해야 한다. 시간은 무의식적으로 소비하기엔 너무도 귀중하다.

베스트셀러 《네 가지 질문》이 저자 바이런 케이티Byron Katie는 이른바 '뒤바꾸기'라는 작업을 소개하며 큰 인기를 끌었다. 이 기술을 적용하면 당신이 믿고 있는 생각과 반대되는 문장을 만들어 처음 문장보다 실제로 더 진실한지 살펴봄으로써 잘못된 생각의 족쇄에서 벗어날 수 있다. 예를 들어, '배우자가 나를 너무 좌지우지하려 해서 답답하다'고 생각한다면 그것을 뒤바꿔 '내가 너무 좌지우지하려 해서 나는 답답하다'가 될 것이다. 케이티는 이 놀랍도록 효과적인 기술로 사람들의 삶을 변화시켰다.

'시간은 돈이다'라는 믿음에 '뒤바꾸기' 기술을 적용하면 어떻게 될까? 돈은 시간이다. '시간은 돈이다'라는 믿음보다 '돈은 시간이다'라는 믿음이 더 진실하다고 볼 수 있을까? 이 가설을 시험해보자.

이 가설이 진실인지 밝히기 위해 일생을 바친 위대한 인물이 있다. 그의 이름은 조 도밍후에즈Joe Dominguez다. 월스트리트에서 경력을 쌓은 그는 열심히 일하고 능수능란하게 투자한 덕분에 서른 살이라는 젊은 나이에 은퇴할 수 있었다. 그는 업계에서 큰 성공을 거두었지만 월스트리트에서 목격한 물질 만능주의에 환멸을 느꼈고 수백만 명의 사람들이 돈을 벌기 위해 개인적인 삶과 직업적인 삶 사이에서 절충하는 모습을 보고 의문을 품기 시작했다. 그의 눈에는 돈을 향한 욕망에 상한선이 없는 것처럼 보였기 때문이다. 이 머니 게임의 유일한 목표는 끝도 없이 점점 더 많은 돈을 버는 것이었다.

도밍후에즈는 '돈과의 관계를 탈바꿈하고 경제적 독립을 달성하는 방법'이라는 세미나를 개최했다. 그의 세미나는 큰 인기를 끌었고, 후에 비키 로빈Vicki Robin과 공동 집필한 저서 《부의 주인은 누구인가》를 출간했다. 이 책은 금융계에서 필독서로 통한다. 꼭 한번 읽어보길 바란다. 평범한 금융 서적과 달리 돈에 대한 당신의 관점을 완전히 바꿔줄 것이다.

돈을 향한 수많은 사람들의 관점을 바꿔 놓은 도밍후에즈는 돈을 색다르게 정의한다. **그에게 돈은 '삶의 에너지'와 같은 의미다. 단순히 사람들이 좇는 부의 상징도, 토니 로빈스가 말한 '세상을 떠난 위인들이 그려진 종잇조각'도 아닌, 소중한 삶의 에너지를 돈이라는 형태로 맞바꾸는 거래의 한 종류라는 것이다.** 그에 따라 더 많은 돈을 벌거나 소비하려면 그에 상응하는 삶의 에너지를 더 많이 투자해야만 한다.

도밍후에즈는 위와 같은 해석으로 시간은 돈이라는 오랜 믿음을 완전히 뒤집어 놓았다. 좋은 삶을 사들이기 위해 더 많은 돈을 벌고 싶어 하는 수백만 명의 사람들을 바쁜 삶으로 이끌었고, 매 순간을 이윤을 창출하는 과정으로 바꾸었다. 그의 철학에 따르면 돈은 삶의 에너지 중 한 조각이다. 누구나 한정된 양의 에너지를 타고나는데, 이러한 삶의 에너지는 더 가질 수도 없는 귀중한 자원이다.

도밍후에즈의 철학을 이해한 수백만 명의 사람들에게 '가장 크고, 가장 좋고, 가장 빠른 것을 사려면 얼마나 벌어야 할까?'는 문제가 아니었다. 진짜 문제는 '이 물건이 내 삶의 에너지를 이만큼 소비할 만한 가치가 있는가?'다. 우리의 목표인 상위 1퍼센트를 여기에 적용해보면 다음과 같이 질문해야 할 것이다.

네가 생각하는 이상적인 삶을 살고자 한다면 삶의 에너지를 열 배나 더 투자해야 하는 건 아닐까?

지금 당장 자기 자신에게 이 질문을 던져보자. '돈은 시간이다'라는 관점에서 조 도밍후에즈가 밝힌 결정적인 진리를 이해했다면 당신이 꿈꾸는 좋은 삶은 어떤 모습인가? 당신은 기꺼이 삶의 에너지와 맞바꿀 준비가 되었는가? 누군가는 맞바꿀 가치가 충분하다며 우렁찬 목소리로 '그렇다'고 답할 것이다. 다른 누군가는 기꺼이 감수할 만한 수준에서 에너지를 맞바꾸려면 좋은 삶의 정의를 수정할 필요가 있음을 명확하게 알게 될 것이다.

정답은 없다. 여기에서 유일한 오답은 무의식적으로 아무 대답이나 내뱉는 것이다. 이 새로운 관점에서 바라보면 '돈은 무의식적으로 소비하기엔 너무도 귀중한 자원'이다.

결국, 돈과 시간은 동전의 양면이다. 아마 우리가 한때 생각했던 동전과는 다른 모습이겠지만 말이다. 내가 그랬듯이 당신도 지난 인생을 되돌아보면서 문득 현재 살고 있는 곳에서의 삶이야말로 당신만의 그리니치이자 행복이 넘치는 목가적인 장소이며, 인생의 매 순간을 감사하며 삶의 에너지를 소비하는 것이 가장 중요하다는 사실을 깨달을 것이다.

제28장

부자의 소명

당신의 재능을
남을 돕는 데 기꺼이
사용하라

나는 모든 사람의 인생에서 존재의 의미와 목적 그리고 어쩌면 전반적인 인생 그 자체가 하나의 순간으로 구체화되는 시기가 있다고 믿는다. 예컨대, 양자 물리학자들은 홀로그램 이미지의 각 부분이 전체 이미지를 이루는 모든 요소를 담고 있다는 점에 착안하여 이러한 현상을 설명한다. 마찬가지로 당신은 살면서 어떤 사건이 일어나거나 경험하는 도중에 잠시 멈춰 서서 더 폭넓은 관점에서 상황을 바라본 적이 얼마나 되는가? 사건이 실제로 일어나는 동안 그것의 중요성에 대해 생각해본 적이 있는가?

영화는 이러한 순간을 포착하고 그 의미를 되새기는 데 도움을 주는 훌륭한 도구다. 영화 〈열두 명의 웬수들〉의 결말은 아주 흥미로운 예를 보여준다. 주인공 스티브 마틴은 크리스마스에 아내와 열두 명의 아이들과 함께 식탁에 둘러앉아 칠면조를 나눠 먹는다. 그는 생각에 잠기기라도 한 듯 미소를 짓고는 "좋아!yes!"라고 말하고, 그때 카메라는 그의 얼굴에 초점을 맞춰 마침내 찾은 가족 간 화합과 기쁨을 만끽하는 순간을 담아낸다.

2004년 여름, 나는 기억에 영원히 남을 만한 뜻깊은 시간을 보냈다. 나와 아내는 당시 아직 어렸던 세 아이를 데리고 미니밴(여행할 때 임시 거처로 쓰곤 했다)으로 2주간 대륙 횡단 여행을 하는 중이었다.

우리는 이틀 동안 시카고에서 버지니아 해변까지 여행했고 주말에는 좋은 친구들도 만났다. 그 후 플로리다 웨스트 팜 비치에 사는 아내의 친정 식구들을 보러 가기 위해 이틀에 걸쳐 또 다른 모험에 나섰다(어린아이들이 있는 부모라면 그것이 얼마나 험난한 모험이었을지 상상할 수 있을 것이다!). 그날 나는 열한 시간 내내 운전대를 잡아야 했다. 오후 다섯 시가 막 지났을 때, 조지아주 사바나에 예약해둔 호텔에서 약 30분 거리에 있는 고속도로에 다다랐는데 갑자기 길이 막히기 시작했다. 극심한 교통 체증이 한 시간 정도 이어졌다. 지나가던 한 트럭 운전사가 동부 해안을 잇는 주간 고속도로Interstate Highway 제95호선에서 큰 사고가 발생했다며 우리도 다른 고속도로로 우회해야 할 거라고 알려주었다.

도로에 서 있던 자동차들이 4차선 고속도로에서 우회로로 넘어가기 위해 1차선 출구로 우르르 빠져나가기 시작했다. 우리 차가 출구에 들어설 즈음, 바로 옆에 서 있던 차의 운전자가 우리에게 손을 흔들며 길을 양보해주었다. 나도 그에게 손을 흔들며 앞으로 계속 움직였고 곧 고속도로 나들목에 다다랐다. 경찰관 한 명이 교차로에 서서 자동차 여러 대에 손을 흔들며 교통정리를 했다. 나는 앞차들을 따라 고속도로를 가로질러 반대편 도로로 향했다.

바로 그때였다. 찰나였지만 시간이 멈춘 것 같은 느낌이 들었다. 마침 나는 재빨리 왼쪽으로 고개를 돌렸고 내 쪽을 향해 전속력으로 돌진하는 대형 트럭을 볼 수 있었다. 나는 황급히 조수석 쪽으로 운전대 방향을 틀었고 가족에게 꽉 잡으라고 소리쳤다. 트럭이 내 쪽 차 문을 들이받고 지나가면서 우리 가족이 탄 미니밴은 끼익 소리를 내며 고속도로를 가로질러 6미터 밖으로 튕겨 나갔다. 내게 무슨 일이 일어났는지 미처 알아차리기도 전에 나는 아내의 손을 잡자마자 뒷좌석을 돌아봤다. 세 아이는 망연자실한 표정을 짓고 있었지만 다행히 안전띠를 제대로 매고 있어 다치지 않은 듯했다. 딸과 아내는 나를 붙잡고 의식이 있는지 살피며 울먹이기 시작했다. 나는 육체적으로 아무것도 느끼지 못했지만 정신적으로 큰 충격에 휩싸여 멍해졌다. 아래를 내려다보니 팔과 뺨에 유리 파편이 박힌 채 붉은 피가 흘러내리고 있었다.

그 후 놀라운 일이 벌어졌다. 어떤 사람이 차 문을 열어젖히고는 내 얼굴 앞에서 자신의 손가락을 흔들기 시작했다. 그는 방금전 내게 길을 양보해준 차의 운전자였다. 놀랍게도 그는 플로리다 게인즈빌의 한 병원에서 근무하는 의사였다. 그는 구급대원이 도착하기 전에 나와 아내, 세 아이의 상태를 모두 확인하고는 아내와 아이들이 무사하다며 나를 안심시켰다. 그는 약 한 시간 넘게 우리 곁을 지켰다. 그리고 또 다른 남자가 우리 쪽에 차를 세우더니 나와 내 아내를 안아주며 물을 좀 마시겠냐고 물었다. 그는 잽싸게 근처 상점으로 뛰어가 생수 다섯 병을 사서 우리에게 건네주고는 도와줄 게 또 없는지 물었다.

우리는 견인차 기사의 도움도 받았다. 그는 사고 차량뿐 아니라 내 아내와 아이들을 차에 태워 자신의 가게로 데려갔고 친구를 불러 나를 가게까지 태워달라고 부탁했다. 그러고는 우리에게 여행을 계속 이어가는 게 어떻겠냐며 조언했고 두 시간 넘게 우리와 시간을 보냈다. 아내와 내가 다시 정신을 차려 사고를 수습하는 동안 그는 아이들에게 그의 가게를 구경시켜주었다. 한편 메리어트 코트야드 호텔의 직원들도 도움을 주었다. 마침 교통편을 찾지 못해 막막했는데 호텔 직원이 우리 가족을 위해 호텔로 돌아갈 교통편을 대신 찾아주었다. 우리가 호텔에서 쉬는 동안 호텔 직원 네댓 명이 사고 난 차를 비우고 짐도 가져다주었다. 직원들이 우리의 몸 상태가 괜찮은지 몇 번이나 묻고 확인했는지 모른다. 친척들과 친구들에게서도 수많은 전화와 이메일로 연락이 왔다. 다들 응원과 격려를 아끼지 않았고 도움이 필요하면 기꺼이 도와주겠다고 나섰다.

나는 교통사고에 관한 질문을 받을 때마다 당시 상황이 적잖은 충격이었지만 우리 가족에겐 커다란 축복이었다고 답한다. 그때 우리 가족은 상상을 초월하는 엄청난 도움의 힘을 직접 목격했다. 그로부터 수년이 지난 지금, 나는 세상에 태어난 목적을 더욱 굳게 확신하고 있다. 운명과도 같았던 사고 당일, 나와 우리 가족에게 감동을 선사한 사람들처럼 나도 남에게 도움이 되기 위해 이 세상에 있는 것이다.

　나는 당신도 이와 같은 소명을 띠고 이 땅에 태어났다고 믿는다. 당신은 재능과 능력 그리고 가장 중요한 시간을 나눠주기 위해 이곳에 있는 것이다. 그러한 **재능을 남을 위해 얼마나 기꺼이 내어주는지는 상위 1퍼센트에 도달하는 속도와 정비례한다.** 아마도 성공을 둘러싼 가장 대표적인 오해는 자기도취 성향이 강하고 악착같이 돈을 버는 사람만이 성공한다는 믿음일 것이다. 하지만 상위 1퍼센트에 속한 대다수가 고객, 가족, 친구, 공동체 등 다른 사람들에게 도움을 주는 데 집중하는 것이 현실이다. 얼 나이팅게일은 이에 대해 다음과 같은 훌륭한 말을 남겼다.

　인생은 언제나 봉사한 만큼 보상해준다.

　내가 말하는 도움은 오늘날 많은 자기계발 작가들 사이에서 인기를 끌고 있는 거래 형식의 도움이 아니다. 상대방과 주고받는 거래 형식의 도움은 흔히 알려진 원인과 결과로 이루어진다. 상대방에게서 어떤 특정한 보답을 받겠다는 뜻을 분명하게 피력하고 상대방에게 도움을 제공하는 것이다. 마치 다른 데 관심이 있는 척 절제된 도움을 제공하며 동시에 자신의 목표에 도달하기 위해 취하는 전반적인 전략의 일환이다. 이 모델에서는 당신의 성장을 도울 수 있는 사람들에게 전략적으로 도움을 제공하며, 이는 당신의 존재를 알리는 방법이기도 하다.

우리 가족이 겪은 교통사고를 더 넓은 관점에서 들여다보면 도움이 단지 나와 당신의 문제만이 아니라는 것을 알 수 있다. 도움은 인류를 성장시키기 위한 세상의 거대하고 '신성한 음모'의 일환이다. 이렇게 생각해보자. 만약 내가 아이에게 선물을 주거나 도움의 손길을 건넨다면 당신은 내가 그 아이의 손에 무언가를 쥐여 주거나 아이의 손을 잡고 어떤 정해진 목적지로 안내하는 모습을 상상할지도 모른다. 그렇다면 신은 어떤 방식으로 우리에게 다가올까? 신은 어떤 방식으로 도움의 손길을 건넬까? 신의 도움은 사람들이 서로 돕는 데서 비로소 구현된다. 우리는 다 함께 각자의 재능과 능력, 시간을 다른 사람들에게 내어줌으로써 힘든 시기에 우리를 인도하고자 손을 뻗는 신의 팔과 손 그리고 손가락이 된다. 그렇다. 우리는 각자 신성한 음모의 일부분을 맡은 셈이다.

이것이 사실이라면 앞서 설명한 거래 모델과는 다른 형식의 도움 모델이 필요할 것이다. 막상 우리에게 그리 여유롭고 편한 시간대가 아닐 때 누군가가 도움을 요청할 수도 있다. 또 다른 사람을 위한 자비로운 행동을 하더라도 아무런 이익을 얻을 수 없을지도 모른다. 실제로 도움을 주는 행동은 금전적으로 비용이 들거나 육체적으로 에너지가 소모될 수 있다.

내가 제안하고 싶은 방식은 '완전한 가용성'total availability을 추구하는 것이다. 나는 오래전 신학 대학에서 천주교 사제직에 대해 공부하면서 이 개념을 알게 되었다. 지금은 세 아이를 둔 아버지가 되었으니 그때 상상했던 길과는 전혀 다른 삶을 선택한 셈이다. 하지만 내가 신학 대학에서 받은 교육과 수련한 삶의 방식은 직업적으로나 영적으로나 귀중한 자산이 되었다.

완전한 가용성에 대한 개념은 다소 문화를 거스르는 면이 있지만 내가 배운 매우 심오한 개념 중 하나다. 우리 모두는 신의 부름을 받을 운명을 타고났으며, 우리의 소명은 신중한 판단과 성찰을 거쳐 그 운명이 무엇인지 알아내고, 그 운명을 추구하는 과정에서 완전한 가용성을 갖춰 신과 다른 사람들에게 쓸모있는 존재가 되는 것이다.

완전한 가용성이 사회적인 흐름을 거스르는 개념으로 여겨지는 이유는 우리를 이끈 운명이 정작 우리가 추구하고자 하는 운명이 아닐 수도 있기 때문이다. 실제로 여러 선택지 중에서도 가장 선호도가 낮은 선택지일 수 있다. 우리의 재능이 무엇이고 그러한 재능이 지역 사회의 요구에 얼마나 부합하는지를 신중하게 파악한 후 지역 사회가 가장 필요로 하는 분야에서 봉사하는 삶을 선택해야 하는 것이다. 따라서 완전한 가용성은 아무 제약 없이, 심지어 자신의 의지조차 담겨 있지 않은 완전한 도움을 의미한다.

앞서 언급한 손의 모양에 다시 비유해보자. 거래 형식의 도움이 꽉 움켜쥔 손으로 다른 사람의 손에 선물을 떨어뜨리는 모습으로 표현한다면, 완전한 가용성이란 팔을 벌려 손을 한껏 펼친 채 언제든지 필요한 사람에게 도움을 주기 위해 기다리는 모습이다. 이러한 모습은 당신이 생각한 '성공'의 개념과는 정반대로 보일지도 모른다. 하지만 나는 이것이야말로 지금 시대에 맞는 방식이라고 확신한다.

광고와 자기계발서 등에서 끊임없이 설파하는 주문과 비법은 이제 지긋지긋하다. 그들은 1등이 될 방법을 찾고, 당신의 직업적 성공을 위해 도움을 줄 수 있는 적절한 사람들과 교류하는 데 시간을 들이고 당신과 같은 길에 서 있지 않은 사람들과는 거리를 두라는 말을 서슴지 않는다.

그런 철학으로 정신을 무장한다면 결국에는 홀로 외롭게 고립된 존재가 되어버릴 것이다. 자동차 사고가 벌어진 운명의 그날, 우리 차를 뒤따라오던 의사는 그저 걱정스러운 눈으로 우리를 바라본 후 가던 길을 재촉할 수도 있었다. 우리는 그의 환자가 아니었기에 그에게 어떤 이득도 가져다주지 않았다. 트럭을 탄 남성은 굳이 알지도 못하는 사람들을 위해 직접 가게로 달려가 물을 사다 주지 않아도 되었다. 만일 호텔 직원들이 늦은 밤에 우리 차에 짐을 가지러 가지 않고 우리의 몸 상태를 일일이 확인하지도 않았다면 어땠을까? 호텔 직원에게 요구되는 공식적인 업무가 아니었기에 아무도 그들을 비난하지 않았을 것이다. 다행히 그날, 신의 손길이 우리 가족에게 닿았고 여러 사람이 시카고에서 여행 온 한 가족을 위해 기꺼이 신의 일부가 되어 도움의 손길을 건넸다.

나의 경험을 통해 전달하고자 하는 메시지는 간단하다. 당신의 인생에서 완전한 가용성의 개념을 실천하라. **다른 사람에게 먼저 손을 내밀고 그로 인해 파생되는 힘을 직접 경험해보라.** 신성한 음모에 가담하라.

어쩌면 당신은 왜 굳이 그렇게 귀찮은 일을 해야 하냐고, 도대체 어떤 이득이 있냐고 되묻고 싶을 것이다. 그런 당신에게 내가 가장 좋아하는 작가인 M. 스콧 펙의 말을 들려주고 싶다.

당신은 아마도 '충만한 기쁨'을 알지 못하는 것이다.

제29장

부자가 될 용기

길이 없는 곳으로 가서
당신의 발자국을 남겨라

나는 역사적인 인물들이 남긴 명언을 좋아한다. 의미 있는 문구나 시를 자신만의 보물 상자에 넣어두었다가 감정적으로 힘들 때나 위기를 겪을 때 꺼내 보면 마음의 위안을 얻을 수 있다. 내게도 큰 위안을 준 명언이 하나 있다. 바로 미국의 철학자 랠프 월도 에머슨의 말이다.

길이 이끄는 대로 가지 말고 길이 없는 곳으로 가서 발자국을 남겨라.

이 멋진 문구야말로 이 책의 마지막 장을 장식하기에 잘 어울리는 한 마디일 것이다. 나는 상위 1퍼센트를 향한 여정에 나서는 당신을 위해 마지막으로 어떤 메시지를 남겨야 할지 고심하다 성공적인 리더를 꿈꾼다면 반드시 발전시켜야 할 자질이 한 가지 있다는 사실을 깨달았다. 그것은 바로 '용기'다.

앞서 소개한 에머슨의 말은 여러 면에서 용기의 본질을 표현하고 있다. 대부분의 사람들이 성장하면서 함께 키워온 자질인 용기는 보통 '아무리 두려워도 가치 있는 목표를 향해 끈질기게 앞으로 나아가려는 의지'로 정의된다. 처음 다이빙대에서 뛰어내리는 아이도, 이사진 앞에서 첫 발표를 진행하는 젊은 임원도, 첫 아이를 낳고 부모로서 긴 여정을 시작하는 어머니도 용기를 내야 한다. 이는 가장 단순한 형태의 용기 있는 행동이라 할 수 있다.

그러나 나이가 들고 경험이 쌓일수록 좀 더 복잡한 형태의 용기를 마주하게 된다. **이러한 용기는 기존의 길을 따르며 용감하게 앞으로 나아가기보다 아예 새로운 길을 개척할 것을 요구한다.** 살다 보면 진로나 인간관계, 정치적인 관점, 양육 방식, 인생 철학 등 다양한 면에서 자신의 개성을 드러내려 노력하는 시점, 즉 정해진 범주에 더 이상 자신이 들어맞지 않는다고 느끼는 순간이 있는데, 바로 이때 복잡한 형태의 용기를 마주하는 것이다.

나는 내가 더 이상 정해진 길을 걷지 않고 있음을 깨달은 순간들을 지금도 기억한다. 민주당이나 공화당 지지자로 명확히 분류할 수는 없어도 양쪽 진영의 다양한 관점을 공유하고 있음을 깨닫고는 마침내 나 자신을 '급진적 중도주의자'라고 자랑스럽게 밝혔던 순간, 사랑스럽고 순수한 아이들을 잘 키워낸 부모님을 외면한 채 그저 돈을 많이 번 사람들만 찬양하기 바빴던 사회 문화 속에서 성공의 정의를 처음으로 진지하게 고민했던 순간이다. 영적인 삶에서 위기를 겪기도 했다. 신학자들은 이러한 시기를 '영혼의 어두운 밤'이라고 부른다. 당시 나는 진정으로 믿고 소중하게 간직해온 신앙을 다시 돌아보고 나만의 신앙으로 재정립했다.

당신도 살면서 변화와 위기의 순간을 마주한 적이 있을 것이다. 어쩌면 그러한 순간들은 뚜렷하게 구분될 수도 아닐 수도 있다. 하지만 곰곰이 생각해보면 인생의 여러 부분에서 가을에 볼 수 있는 떡갈나무 잎처럼 당신의 색이 녹색에서 금색으로 변하고 있음을 스스로 알아차린 적이 있을 것이다.

랠프 월도 에머슨의 명언에서 영감을 얻어 당신에게 한 가지 제안을 하고 싶다.

인생에서 가능한 한 많은 영역에 발자국을 남길 수 있도록 용기를 내라!

나는 다행히 이 책을 통해 사업과 인생에서 영향력 있는 리더, 즉 상위 1퍼센트가 되길 꿈꾸는 사람들이 후세를 위해 작은 발자국이라도 남길 수 있도록 성공을 둘러싼 좀 더 인간적이고 복잡한 관점을 전달할 수 있었다. 하지만 나는 아직 갈 길이 멀고 내 여정은 앞서 언급한 여러 분야에서 거의 시작도 안 했다.

당신은 어떠한가? 인생의 어떤 지점에서 당신의 색이 변했다는 것을 알게 되었는가? 당신의 길은 부모나 직장 동료, 또는 사회가 안겨준 전통적인 길과 어떤 방식에서 다르고 특별한가? 어떻게 하면 자신만의 개성을 세상에 '공개'해 새로운 길을 열 수 있을까?

누군가에게는 사업을 시작하는 것이 새로운 길을 개척하는 것이다. 기업가가 보기에 기존 방식으로는 수요를 제대로 충족하지 못할 때 새로운 사업을 시작한다. 또 다른 누군가에게 새로운 길은 지역 교육 시스템을 바꾸기 위해 애쓰는 지역 사회 활동가가 되는 것이다. 누군가에겐 배우자나 소중한 친구에게 자신의 진정한 신념과 정체성을 솔직하게 밝히며 신뢰 관계를 구축하는 것이 새로운 길을 개척하는 것일 수도 있다.

평범한 길을 따르지 않는 것은 군중과 거리를 두고 순리를 거스르는 일이기에 엄청난 용기가 필요하다. 하지만 그러한 용기에 상응하는 많은 보상을 받을 수 있다. **새로운 길을 개척하는 것은 완전히 새로운 차원의 존재로 성숙하는 것을 의미한다. 행복을 끊임없이 갈구하기보다 기쁨을 더 깊고 풍부하게 만끽할 줄 아는 사람이 되는 것이다.**

이 책을 끝마치기 전에 내 보물 상자에 담아놓은 또 하나의 훌륭한 구절을 꺼내 당신과 공유하고자 한다. 《정글북》의 저자 러디어드 키플링Rudyard Kipling은 〈만약에〉라는 시에서 평범한 길을 따르지 않기로 선택한 용기 있는 사람들을 이야기했다. 이 시는 아버지가 아들에게 말하는 형식으로 쓰여있지만 남녀 모두에게 똑같이 적용되는 보편적인 메시지를 담고 있다.

만약에

만약 모든 이가 이성을 잃고 너를 탓할 때

냉정을 잃지 않을 수 있다면

만약 모든 이가 너를 의심할 때

자신을 믿고 그들의 의심마저 감싸 안을 수 있다면

기다리면서 기다림에 지치지 않을 수 있다면

거짓에 속더라도 거짓과 타협하지 않는다면

미움을 받더라도 미움에 굴복하지 않는다면

억지로 선한 척, 현명한 척하지 않는다면

꿈꾸면서 꿈의 노예가 되지 않는다면

생각하더라도 생각 자체를 목표로 삼지 않는다면

'승리'와 '패배'를 만났을 때

이 두 협잡꾼을 똑같이 대할 수 있다면

네가 말한 진실이 어리석은 이들을 함정에 빠트리려는

악인들에 의해 왜곡되는 것을 참고 들을 수 있다면

네 일생을 바친 것들이 무너지는 것을 보고도

낡은 연장을 집어들어 다시 세울 수 있다면

네가 쌓아 올린 모든 것들을

단 한 번의 도박에 걸어볼 수 있다면

그것들을 모두 잃더라도 한마디 불평 없이

처음부터 다시 시작할 수 있다면,

심장과 신경과 힘줄이 다 닳아버리고

네게 남은 것이 단지 버텨야 한다는 의지뿐이더라도

여전히 버틸 수 있다면

군중 속에 있을 때에도 네 덕목을 지키고

왕과 함께 거닐더라도 평민의 마음을 잃지 않는다면

적도 친구도 널 해치는 것을 허락지 않는다면

모든 이를 중히 여기되

어느 한 사람만을 지나치게 중히 여기지 않는다면

만약 네가 가차 없이 흐르는 1분을

60초간의 전력 질주로 채울 수 있다면

이 세상과 그 안에 있는 모든 것은 네 것이 되리라.

그리고 그때 너는 비로소 어른이 되리라.

자, 이제 상위 1퍼센트로 올라가보자!